Seine Leute

Günter Spurgat

Seine Leute

Vom Leben am Dorfteich

Covergestaltung: Günter Spurgat

Herstellung und Verlag:

BoD - Books on Demand, Norderstedt

Printed in Germany

ISBN 9-7837-4489-0427

Inhalt

Still liegt er da, hat sich über Jahrhunderte kaum verändert: Der Westerteich oder Westerdiek, wie ihn die Platt sprechenden Dorfbewohner nennen. Er sah viel – arbeitende Menschen, spielende Kinder und Tiere, die zu allen Zeiten hier waren. Wenn er sprechen könnte, hätte er viel zu erzählen – über seine Leute, die seit Generationen um ihn herum lebten.
Er hat unterschiedliche Menschen verbunden, alte und junge, arme und reiche, Bauern und Tagelöhner. Er war immer da, gehörte zu ihnen wie sie zu ihm. Im Alltag der Menschen spielte der Teich ein wichtige Rolle. Als Löschwasser, als Tränke für die Tiere, als Spielplatz für die Kinder und als kühlender Fächer an heißen Sommertagen.
Menschen und Bilder können über Vergangenes erzählen. Doch es gibt kaum Berichte von den Leuten am Dorfteich aus ganz früher Zeit, und die Fotografie ist erst gut hundertfünfzig Jahre alt. Also wird sich eine Rückschau im Wesentlichen beschränken müssen auf das vergangene Jahrhundert mit Schwerpunkt auf die 50er und 60er Jahre, eine Zeit, die sich durch persönliche Berichte, Fotos und Aufzeichnungen gut skizzieren lässt.

Die Erinnerungen der einstigen wie auch heutigen Anwohner des Westerteichs haben großen Anteil an diesem Buch. Deren Beschreibungen des Alltags, der Ereignisse und der eigenen Lebensverläufe geben dem Rückblick eine ganz persönliche Note. Auch meine eigenen Erinnerungen fließen in die Berichte mit ein. Es sind kleine Geschichten, die zwar kein genaues historisches Abbild einer Epoche, jedoch ein Stück Dorfgeschichte vermitteln.

Günter Spurgat

Er war schon da

Die Entstehungsgeschichte von Ostenfeld liegt im Dunkeln. Niemand hat aufgezeichnet, wer das Dorf gründete, wann dieser Ort besiedelt wurde. Jedenfalls ist davon nichts überliefert.

Sicher ist jedoch: Eines Tages kamen Siedler, die sich hier niederließen, weil ihnen dieser Platz offenbar gefiel. Sie fanden hier eine Quelle, die bereits ein Wasserreservoir speiste. Sie vergrößerten es und besaßen nun ausreichendes Löschwasser und genug Wasser für sich, die Tiere und zum Anrühren von Lehm für den Hausbau. Alle kannten die verheerenden Feuer, die ganze Dörfer auslöschten, oder hatten davon gehört. Wasser in der Nähe zu haben war unabdingbar, damit Brände schnell bekämpft werden konnten, denn die Strohdächer ihrer Häuser brannten wie Zunder, wenn sie Feuer fingen.

Die Menschen benötigten Wasser; sie fürchteten aber auch die gewaltigen Kräfte dieses Elementes. Das Meer lag ganz nah, ein Fluss begrenzte im Osten das Gebiet und trat bei Sturmflut über seine Ufer. Es vermochte ganze Landstriche zu überfluten, so dass große Schiffe „über Land" fahren konnten, bis das Wasser wieder zurückwich. Erst 1570 wurde der Fluss im Unterlauf eingedämmt und sein Verlauf gebändigt. Vor dieser Zeit drangen große Sturmfluten bis weit ins Landesinnere und vernichteten Häuser, Pflanzungen auf den Äckern und das Leben vieler Menschen und Tiere.

Dieser Ort lag hoch über der Ebene, war sicher vor Überschwemmungen und großflächig bewaldet. Einzig die

Verkehrslage schien ungünstig. Der nahegelegene Fluss überschwemmte zwar immer wieder das Land, aber er bot einfache und günstige Transportmöglichkeiten für Handelsware aller Art. Hier oben auf der Geest mussten Verbindungswege erst noch geschaffen werden.

Große Teile des Waldareals wurden gerodet und die Lichtungen in Äcker und Weideland umgewandelt. Ihre ersten Häuser gruppierten sie um die gefundene Wasserstelle und gaben ihr den Namen *Westerdiek*. So wurde sie wurde der Mittelpunkt ihrer Siedlung.

Das Dorf Ostenfeld hat sich seit seinen Anfängen gewiß grundlegend verändert. Nicht so der Westerdiek; er blieb an seinem Platz, bildete stets die Mitte des Ortes und behielt wohl auch seine Größe. Träge, unverrückbar liegt er da und lässt die Zeiten einfach an sich vorüberziehen. Und mit ihnen die Menschen, die hier lebten und gingen.

Der Dorfteich und seine Leute

Der Westerteich war einst ein wichtiger Löschwasserteich.
Seitdem ihn aber Hydranten ersetzen gilt er nur noch als
stilles Gewässer, das den Dorfplatz schmückt. Aber in ihm
steckt viel mehr; man kann es entdecken. Er ist Lebensraum für
Fische, Enten, Frösche, auch für Gänse und Schwäne,
gelegentlich Jagdrevier für Graureiher, Kormorane und – leider
auch für Katzen. Er ist lebendig, denn er ist Teil des ewigen
Wasserkreislaufs. Eine Quelle in seinem schlammigen Grund
und das Regenwasser von seiner höher gelegenen Südseite
speisen ihn. Ein Überlauf an seiner Nordseite leitet
überschüssiges Wasser durch unterirdische Rohre durch den
Kattreppel zur Kleinen Bek am Dorfrand. Von dort gelangt es
in die Husumer Mühlenau und von da direkt in die Nordsee.
Durch Verdunstung steigt das Wasser gen Himmel und gelangt
eines Tages als Regen wieder in den Ostenfelder Dorfteich. Er
ist also verbunden mit der großen Welt und alles andere als ein
stilles Gewässer. Der Schein trügt.

Der Westerteich spielt eine bedeutende Rolle im Leben seiner
Leute. Mit ihnen sind nicht nur seine unmittelbaren Anwohner
gemeint, sondern alle diejenigen Menschen, die er anzieht und
die irgendeine Verbindung zu ihm haben, ebenso auch die
Hoftiere, denen er früher zu trinken gab und ein erfrischendes
Bad gewährte, und die Enten, die hier ihre Bahnen ziehen,
auch die Fische, die in ihm schwimmen. Und die Frösche, die
nach warmen sommerlichen Gewitterregen früher oft ihre
weithin hörbaren Konzerte anstimmten. Selbst der Weidenbaum auf der kleinen Insel gehört zu seinem Ensemble.
So ein Teich muss unterhalten werden, da er mit der Zeit

verschlammt und zuwächst. Dafür hat er seine Leute, die Dorfbewohner. In bestimmten Intervallen oder wenn es erforderlich ist, wird sein Wasser abgepumpt und er einer Grundreinigung unterzogen. Männer des Dorfes, die nach altem preußischem Gesetz zu Hand- und Spanndiensten verpflichtet wurden, leisteten diese Arbeit. Wer Gespanne besaß, hatte diese einzusetzen; wer keine besaß, schaufelte von Hand in die bereitgestellten Wagen. Die letzten großen Aktionen dieser Art fanden 1933, Mitte der 1950er und Anfang der 1970er Jahre statt. Bei der letzten Sanierung erhielt der Westerteich auch gleich eine Rundumerneuerung: Eine Insel mit einem Weidenbaum und Entenhäusern, an zwei Seiten betonierte Pattformen für Rastsuchende, eine neue Uferbefestigung und eine Umzäunung.

Die frühen Jahre

Die Lebensumstände der Menschen, die in den vergangenen Jahrhunderten am Westerteich lebten, waren nicht einfach und oft geprägt von Armut, Kriegen und Not.

Die Familien wurden nach Stand und Besitz unterschieden. Es gab die großen Bauern, die als Hufner bezeichnet wurden und so viel Land besaßen, dass davon eine Großfamilie ernährt werden konnte. Wurden diese Höfe vererbt und geteilt, entstanden entsprechend kleinere Besitzungen: Halbhufner, Drittelhufner, Viertelhufner und so weiter. Die nächste Stufe war der Kätner, der eine Kate und etwas Land besaß. Die Landlosen wurden als Inste und Tagelöhner bezeichnet. Daneben gab es noch die Handwerker und Kaufleute, die im Rang und bezogen auf Einkommen und Ansehen eine mittlere Position in der Dorfgemeinschaft innehatten. Macht und Rechte waren mit dem jeweiligen Stand verknüpft. Die Großbauern hatten das Sagen im Dorf, entschieden maßgeblich über die Geschicke der Gemeinde. Was Macht, Besitz und Ansehen betrifft, hatte die Kirche eine herausragende Stellung im Dorf.

Die Ostenfelder Ländereien wurden nach einer umstrittenen Agrarreform in Schleswig-Holstein neu aufgeteilt, die die bisherigen Besitzverhältnisse grundlegend veränderte. Das Ergebnis zeigt eine Karte von 1783:

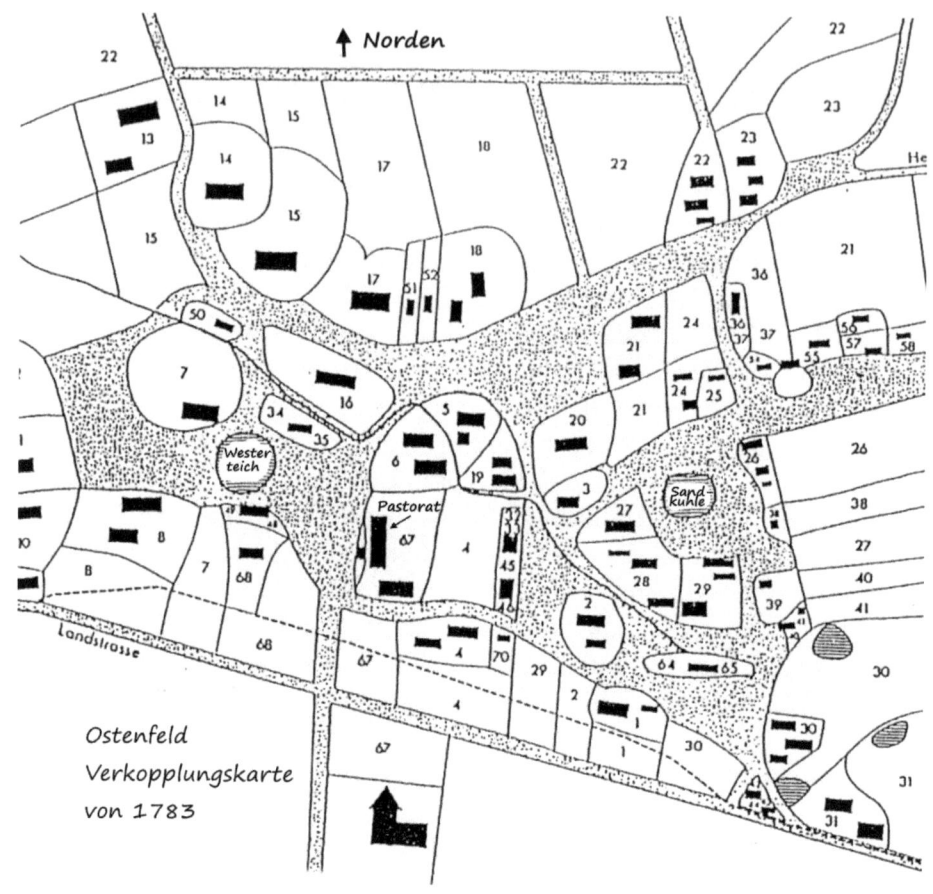

Ostenfeld
Verkopplungskarte
von 1783

Große Höfe mit entsprechenden Besitzungen lagen vor allem nördlich des Westerteichs. Das Pastorat stand damals östlich von ihm und schaute direkt auf das Gewässer. Demnach gehörten die jeweils amtierenden Pastoren seinerzeit auch zu den Anwohnern des Dorfteiches.

Noch bis zum Beginn des 19. Jahrhunderts gab es Leibeigene im Herzogtum Schleswig. Sie besaßen weder Land noch sonstigen Besitz, waren ihren Herren verpflichtet und

12

gebunden an die Scholle, dem Land ihrer Herrschaft. Ohne deren Erlaubnis durften sie es nicht verlassen. Auch eine Heirat war nur mit ihrer Einwilligung möglich. Noch 1788 musste eine leibeigene junge Frau bei ihrem Gutsherrn um Genehmigung für ihre Vermählung mit dem Ostenfelder Förster von Langenhöft, damals als Königlicher Holzvogt betitelt, bitten.

Die meisten Dorfbewohner waren arm, besaßen kaum Rechte und keinerlei Absicherung bei Arbeitslosigkeit, Krankheit und im Alter. Nicht wenige flohen aus diesen Verhältnissen, wanderten nach Amerika oder Rußland aus oder verpflichteten sich als Söldner im Heer.

Von den zahlreichen Kriegen, die das Land immer wieder überzogen, blieb auch Ostenfeld nicht verschont. Kaum eine Generation wuchs ohne Kriegserfahrungen auf. In den Kirchenbüchern finden sich Hinweise, welche Not sie den Ostenfelder Bürgern brachten. Erhalten geblieben sind jedoch nur noch Aufzeichnungen, die aus der Zeit nach 1687 stammen.

Der Dreißigjährige Krieg (1618 - 1648) hinterließ in den Jahren 1625 - 1629 auch in den Herzogtümern Schleswig und Holstein seine Spuren. Er brachte Hungersnöte und Seuchen, forderte unzählige Opfer und zerstörte das Land. Große Verwüstungen richtete auch der Schwedisch-Dänische Krieg (1643 - 1645) an. Lange hielten sich die schwedischen Söldnertruppen hier auf und *lebten vom Land*, wie es im Kirchenbuch heißt.
Im Großen Nordischen Krieg (1700 - 1721) war dieser Landstrich dauernd militärisch besetzt, entweder von dänischen, herzoglichen oder schwedischen Truppen. Die mit

dem Herzog von Schleswig verbündeten Schweden nahmen 1713 in Ostenfeld für lange Zeit auf den Bauernhöfen Quartier, hatten teilweise sogar ihre Frauen dabei. Die gebaren Kinder und ließen sie in der Kirche taufen. Viele der unter schwedischer Flagge kämpfenden Soldaten waren langjährig dienende Söldner. Die ganze Truppe samt familiärem Anhang sowie deren Pferde mussten von den Einheimischen verpflegt werden. Da blieb für die eigenen Leute nur noch wenig übrig. Das Dorfleben litt sehr unter der Einquartierung. Vorrang vor allem anderen hatte das Militär. Taufen, Hochzeiten und andere kirchliche Riten konnten oft nicht wie üblich durchgeführt werden. Vielfach musste der Pastor diese dann zu Hause bei den Einwohnern vollziehen.

1813 kam es im Zuge kriegerischer Auseinandersetzungen zwischen Dänemark und Frankreich auf der einen und den Alliierten Rußland, Schweden und Preußen auf der anderen Seite in Schleswig-Holstein zu Besatzungen und Einquartierungen. Unter den fremden Truppen waren auch gut zweitausend berittene Kosaken, die mit unvorstellbarer Geschwindigkeit durch das Land zogen, unerwartet auftauchten und ebenso schnell wieder verschwanden. Im Dezember 1813 ritten sie von Garding über Erfde und Schleswig nach Tondern. Ob sie dabei auch durch Ostenfeld kamen ist nicht belegt. Die großen umherziehenden Heere lebten von den Ressourcen des Landes und verlangten in dem ungewöhnlich kalten Winter große Mengen an Nahrung und Branntwein, Quartier, Pferde, Geld und Fronarbeit.

Die nächste große Auseinandersetzung erlebte die Bevölkerung im Deutsch-Dänischen Krieg in den Jahren 1848 bis 1850 und 1864, der viele Menschenleben kostete. Aber gemessen an den später folgenden beiden Weltkriegen waren die regionalen Kriege kleine Scharmützel. Die Ostenfelder hatten durch sie weit mehr Opfer zu beklagen. Die Verlustliste des Ersten

Weltkrieges führt zweiundneunzig Männer auf; im Zweiten fielen etwa achtig. Auch Anwohner des Westerteichs zogen in den Krieg. Herausgerissen aus ihrer kleinen abgeschiedenen Dorfwelt brachte sie die Großmachtpolitik an die Frontlinien in ganz Europa. Als Soldaten sahen sie ein Stück der großen Welt, aber nicht um zu staunen, sondern um zu sterben. Denn die meisten von ihnen kamen nie zurück.

Es ist noch gar nicht so lange her, da lebten die Ostenfelder zusammen mit ihren Nutztieren auf beengtem Raum unter einem Dach. Im Winter wärmten die Großtiere durch ihre massigen Körper die Menschen. Heizen war Luxus und meistens auf die Küche beschränkt, in der oft der einzige Herd oder Kamin des Hauses stand. Die hygienschen Verhältnisse waren schlecht. Wasser war kostbar und Waschgelegenheiten rar. Die Fußböden bestanden oft nur aus gestampftem Lehm, und es war allgemein üblich, auf die Diele auszuspucken. Die Hausbewohner schliefen in fensterlosen winzigen Wandbetten. Mangels unzureichender Lüftung kam besonders in der kalten Jahreszeit wenig Frischluft ins Haus. Zudem waren in früherer Zeit Verheiratungen innerhalb der Verwandschaft üblich, so dass es den Nachkommen oft an robuster gesundheitlicher Verfassung fehlte. Unter diesen ungünstigen Bedingungen konnten sich Epidemien unter Menschen und Tieren schnell im ganzen Land ausbreiten. Die Tuberkulose, auch als Schwindsucht, Auszehrung und Brustkrankheit bezeichnet, war damals eine häufige Todesursache. Es gab noch bis ins zwanzigste Jahrhundert hinein eine hohe Kindersterblichkeit und häufige Todesfälle durch Kindbettfieber, das viele Frauen nach ihrer Niederkunft befiel.

Immer wieder wüteten Epidemien im Land, die ganze Landstriche entvölkerten. 1347 bis 1353 forderte der *Schwarze*

Tod Millionen Todesopfer in ganz Europa. Schätzungen gehen davon aus, dass im Gebiet des heutigen Deutschland etwa jeder zehnte Einwohner an der Krankheit verstarb. Anfang des 18. Jahrhunderts grassierte die Pest, die in Nordfriesland viele Menschen dahinraffte. Insbesondere auf Eiderstedt starb ein großer Teil der Einwohnerschaft. 1713 fielen der Krankheit etwa in Witzwort 269 und in Uelvesbüll 227 Menschen zum Opfer. Ostenfeld soll jedoch verschont geblieben sein.

Auch Viehseuchen breiteten sich in den vergangenen Jahrhunderten immer wieder in Windeseile über das ganze Land aus. Manche waren verheerender als die schon schlimmen Kriege. Tierärzte gab es nicht und die sonst bewährten Hausmittel halfen nicht. Jahr- und Viehmärkte wurden verboten und Bittgottesdienste überall in den Kirchen abgehalten. Ohne Erfolg. Komplette Tierbestände, vor allem die mit Rindern und Schweinen, gingen ein, und nackte Existenzangst ging um.

1713 wütete die Rinderpest in Nordfriesland und Tondern. Die Verluste an Tieren waren so hoch, dass König Friedrich IV. sich veranlasst sah, für ganz Schleswig-Holstein eine Sondersteuer von einer Mark pro Pflug zu erheben, um die Bauern bei der Wiederbeschaffung von Vieh finanziell unterstützen zu können. Die Rinderepidemie behielt das Land jedoch mehrere Jahrzehnte in ihrem Griff. Im Frühjahr 1745 traf es Ostenfeld besonders. Elfhundert Rinder gingen hier innerhalb von zwei Monaten ein. Die Abdecker konnten mit den vielen Kadavern allein nicht fertigwerden. Die Gemeinde selbst musste mit vereinten Kräften für deren Beseitigung sorgen. Für die toten Tiere hob man ein großes Grab außerhalb des Dorfes aus. Zwischen 1774 bis 1782 raffte die Seuche im Herzogtum Schleswig über 63.000 Stück Vieh dahin. Fortschritte in der

Tiermedizin führten schließlich dazu, das die Tierbestände 1779 großflächig gegen die Seuche geimpft wurden, und 1782 klang das große Viehsterben aus. Doch bereits 1888 brach eine andere Krankheit unter den Tieren der nordfriesischen Bauern aus – die Maul- und Klauenseuche. Sie flackerte im Verlauf der kommenden Jahrzehnte immer wieder auf und führte nicht nur zu großen Tierverlusten, sondern zerstörte auch viele bäuerliche Existenzen.

Die Fotografen kommen

Schauen wir nun auf die letzten gut hundert Jahre zurück. Ostenfeld ist Ende des 19. und zu Beginn des 20. Jahrhunderts oft von Wanderfotografen besucht worden. Sie hielten Einzelpersonen, Gruppen, Häuser, Plätze und Straßenzüge auf Bildern fest. Auch ohne besonderen Auftrag, denn Ansichten vom Dorf waren gefragte Motive für Postkarten, mit denen man gern ein paar Zeilen an Verwandte und Freunde schickte und zeigen wollte, wo man lebte. In der Frühzeit der Fotografie reisten Wanderfotografen mit großem Gepäck, denn Kameras und Stative waren schwer und sperrig. Es gab noch keinen Rollfilm; die Motive wurden auf präparierten Metall- oder Glasplatten gebannt. Manche Vertreter dieser neuen Berufssparte sah man mit Fahrrädern von Dorf zu Dorf fahren. Sie kamen aus Husum, aber auch aus entfernteren Orten wie Marne, Nordtorf, Rendsburg und Flensburg. Wenn sie hier ihre Apparaturen aufbauten, waren sie schnell umringt von Schaulustigen.

Das Fotografieren war damals eine komplexe Angelegenheit. Das Kameragehäuse, eine große Kiste mit Linse und einer mehr oder weniger komplizierten Mechanik im Inneren, wurde auf ein Stativ geschraubt und mit einem großen schwarzen Tuch abgedeckt. Nachdem der Fotograf das Motiv optimal arrangiert hatte, nahm er ein Platte, die das zu belichtende Material enthielt, schob sie von oben in die Kamera und verschwand anschließend unter der schwarze Abdeckung. Wenn er der zu fotografierenden Person oder Gruppe ein Zeichen gab, durfte diese sich für mehrere Sekunden nicht mehr bewegen, anderenfalls wäre die Aufnahme verwackelt und nicht brauchbar gewesen.

Für die Anfertigung hochwertiger Portraits suchten die Kunden ein Fotoatelier auf. Sie erschienen in ihren besten Kleidern und posierten in stolzer Haltung und ernster Mine. Immerhin galt es, ein würdiges Abbild für die Nachwelt zu erschaffen. Wenn wir heute solche Aufnahmen betrachten, fasziniert deren Schönheit und Intensität. Die Fotografen sahen sich auch eher als Künstler denn als Handwerker.

Eine um 1900 von einem Rendsburger Fotografen am Dorfteich aufgenommene Szene (siehe Umschlagfoto) zeigt, wie genau seinerzeit Motive arrangiert wurden. Jede Person ist so plaziert, dass alle, selbst Tiere, zur Geltung kommen. Die individuelle Aufstellung und Erkennbarkeit der Personen war natürlich auch für die spätere Verkäuflichkeit der Bilder wichtig.

Die Ostenfelderin Margaretha Henningsen (1833 - 1912) ließ sich um 1865 in Tracht fotografieren und hinterließ uns ein seltenes Bilddokument. Sie war die Tochter des Bauern Hans Henningsen (1808 - 1871) und wuchs auf dem Anwesen ihrer Eltern am Schwarzen Weg auf, der zum Dorfplatz am Westerteich führt. Sie wird als Kind an diesem Ort oft gespielt haben.

In jener Zeit waren gemalte Portraits noch allgemein üblich. Das Fotografen-Handwerk lag erst in den Anfängen, verdrängte aber nach und nach die Malkunst, da fotografische Bildnisse schneller und preisgünstiger angefertigt werden konnten. Aber sie waren teuer und daher eine Prestige-Ausgabe, die sich nur wenige leisten konnten.

Als in der zweiten Hälfte des 19. Jahrhunderts die Fotografie aufkam, zogen Wanderfotografen aus der Stadt in die Dörfer und hielten fest, was sie für bedeutsam erachteten oder was zur Darstellung beauftragt wurde. In den darauf folgenden Jahrzehnten mehrten sich die Bilddokumente vom Leben am

Portraitaufnahme von Margaretha Henningsen um 1865

Dorfteich. Die Bilder aus jener Zeit zeigen Bauernfamilien vor ihren Anwesen, den Kaufmann anläßlich seines Geschäftsjubiläums, den Handwerker in seinem Betrieb. Sie konnten es sich leisten, teure Bildnisse von sich anfertigen zu lassen. Für die ärmeren Anwohner kam das nicht in Betracht. Nachdem aber Kameras für Amateure und weniger Begüterte entwickelt worden waren, wurde das Fotografieren eine Angelegenheit für jedermann. Etwa ab den 1930er Jahren wurde auf Fotos gebannt, was im Familienleben und in der

Umgebung bedeutsam schien. Fotografien sind jedoch nur eine Momentaufnahme. Es bedarf der mündlichen Überlieferung, die erklärt und erzählt, was die Bilder bedeuten.

Die Stellmacherei

Dank der frühen Fotografie gibt es überhaupt noch ein Zeugnis darüber, das einst am Dorfteich ein großer Handwerksbetrieb existierte. Nichts an dem heutigen Gebäude verrät, dass hier lange eine für das Dorf sehr wichtige Werkstatt betrieben wurde – die Stellmacherei von Carsten Petersen (1837 – 1896) und seinen Nachfolgern.

Zwei alte Fotos belegen die Hochzeit dieses Handwerks. Eine Aufnahme, die um 1900 entstanden ist, zeigt eine Innenansicht der Werkstatt, die Familie des Betriebsinhabers und seine zahlreichen Mitarbeiter. Nach der Größe der Belegschaft zu urteilen, wird der Betrieb zu der Zeit der größte im Ort gewesen sein. Das verwundert aber nicht, denn jeder Bauer – und damals gab es von ihnen noch viele – genötigte verschiedene Wagen und hölzerne Gerätschaften. Auf den schlechten Wegen und Straßen ging auch oft etwas zu Bruch, so dass nicht nur neu gefertigt, sondern auch viel repariert werden musste.
Auf einer mehrere Jahre später aufgenommenen Außenansicht sieht man vor dem Stellmacherhaus eine ganze Serie von einachsigen leichten Wagen. Man nannte sie Gigs oder auch Gouvernatenwagen.Von einem flotten Traber gezogen konnte man mit ihnen über schlecht befahrbares Gelände schnell ans Ziel gelangen, etwa um den Erntearbeitern Essen aufs Feld zu bringen. Aber sie dienten wohl auch für Einkäufe auf dem Husumer Wochenmarkt, für Verwandtenbesuche oder Ausflüge in die nähere Umgebung. Die Gigs waren gewissermaßen die Sportwagen gutsituierter Bauern.
Wagner und Rademacher wird es in Ostenfeld schon mehrere

Jahrhunderte gegeben haben. Die einen bauten Wagengestelle, die anderen die dazu passenden Holzräder. Für die Landwirtschaft waren deren Erzeugnisse unverzichtbar. Bis zum frühen 19. Jahrhundert gab es noch beide Berufe. Danach wurden sie zusammengeführt. Jetzt sprach man vom Stellmacher, der beide Gewerke vereinte.

Dieser baute nicht nur Wagen, sondern auch Kutschen, Karren, Schlitten, Leitern, Harken, Zäune und andere Gebrauchsgegenstände aus Holz. Für manche dieser Produkte wurden Eisenbeschläge benötigt, insbesondere Stahlreifen für die Holzräder. Also bedurfte es einer engen Zusammenarbeit mit Schmiedebetrieben. Davon gab es seinerzeit drei im Ort. Die der Stellmacherei am nächsten gelegene Schmiede war die von Peter Clausen, die nur ein paar hundert Meter entfernt lag. Wie eng die Verbindung zwischen beiden Betrieben war, lässt sich heute nicht mehr feststellen. Es ist aber anzunehmen, dass eine langjährige Zusammenarbeit bestand. In manchen Fällen wird aber auch der Kunde darüber entschieden haben, in welcher der Schmieden die Eisenteile gefertigt wurden. Für den Stellmacher war es günstig, auf mehrere Schmiede zurückgreifen zu können. Denn waren viele Aufträge zu erledigen, konnte eine Schmiede allein die Nachfrage kaum bewältigen.

Die Bauern bezahlten ihre Rechnungen oft erst im Herbst, nachdem die Ernte eingefahren und die gemästeten Tiere verkauft waren. Um über die Runden zu kommen, war es daher für die Stellmacherfamilie notwendig, zusätzlich noch einige Kühe, Schweine und etwas Geflügel zu halten.

Die Stellmacherei in dem großen langgestreckten Haus, am nordöstlichen Ende des Dorfteiches gelegen, gründete Carsten

Innenansicht, ca. 1905 aufgenommen

Die Brüder Thomas und Carsten Petersen (rechts) vor der Stellmacherei. Auf dem Stuhl: Carstens Tochter Anne-Margrete. (Ca. 1926)

Ein seinerzeit in Ostenfeld gefertigtes Gig

Schmiede Peter Clausen (Ca. 1930)

25

Petersen aus Wanderup. Er soll die Werkstatt in den 1870er Jahren eröffnet haben. Bis zum Beginn des 2. Weltkrieges wurde sie durchgängig von der Familie Petersen betrieben. Nach dem Tod des ersten Werkstattinhabers führte dessen Sohn Thomas (1869 - 1941) den Betrieb fort. Dieser hatte vier Kinder, drei Söhne und eine Tochter. Zwei von seinen Söhnen, Christian und Carsten, erlernten wiederum das Stellmacherhandwerk. Beide arbeiteten offenbar im elterlichen Betrieb. Im Zweiten Weltkrieg wurden alle wehrfähigen Männer eingezogen. Im Dorf durfte von zwei Stellmachereien nur noch in einer, in jener von Heinrich Rahn in der Winnerter Straße, weiter gearbeitet werden. Ohne eine solche Werkstatt wäre sonst die Landwirtschaft und letztlich die dörfliche Lebensmittelproduktion nicht aufrechtzuerhalten gewesen.

Christian (1903 – 1941) kam bei einem Bombenangriff in Hamburg ums Leben. Die Stellmacherei am Dorfteich wurde nach dem Krieg nicht weiter betrieben. Das Haus ging in die Hände von Thomas Petersen (1901 - 1978), dem dritten Sohn der Familie. Er unterhielt eine kleine Landwirtschaft mit zwei Pferden und einigen Milchkühen. Als alle Bauern im Dorf ihre Pferdegespanne gegen Trecker austauschten, hielt er an echten Pferdestärken fest. Er erschien mit seinem Fuhrwerk wie ein Relikt aus der Vergangenheit. Das Wasser für seine Tiere holte er stets vom Teich. Dazu brauchte er nur ein paar Schritte über die Straße zu gehen.

Thomas lebte mit seiner Schwester Anna („Tante Anne", 1899 - 1993) zusammen. Beide blieben unverheiratet. Deren Bruder Carsten (1897 - 1984) hatte bereits 1924 eine eigene Werkstatt an der Hauptstraße in Ostenfeld eröffnet. Aber die Aufträge für Holzreifen und hölzerne Fuhrwerke gingen in den 1950er Jahren aufgrund der rasanten technischen Entwicklung in der Landwirtschaft erheblich zurück. 1962 schloss Carsten

Petersen seine Stellmacherei, die er zwischenzeitlich in die ehemalige Meierei verlegt hatte. Der Rahnsche Betrieb hielt sich noch weitere sieben Jahre, bis auch dieser aufgegeben wurde.

Kaufmann Johannsen

Der wohl älteste Kaufmannsladen im Dorf lag östlich vom Westerteich, mit direktem Blick auf das Gewässer. Vorher stand an dieser Stelle das damalige Pastorat, ein großes langgestrecktes Haus mit Nebengebäude. 1874 eröffnete Johann Johannsen hier sein Geschäft. Im selben Jahr wurde sein Sohn Wilhelm geboren, der später den Laden mit seiner Frau Anna Pauline, geborene Heldt, bis zu seinem Tod weiterführte. Fotografien, die anläßlich des 50jährigen Jubiläums des Geschäfts aufgenommen wurden, zeigen die Familie im Laden und vor dem Gebäude

Innenansicht des Ladens 1924

Außenansicht Kaufmann Johannsen;
links befand sich der Wohntrakt, rechts der Laden.

Das damalige Sortiment bestand aus Gebrauchsartikeln und Lebensmitteln aller Art. Alles war gut sortiert und in Griffnähe plaziert. An der Decke hingen Eisenpfannen, Töpfe, Reiben, Zinkwannen und Türvorleger, an der Fensterlaibung einige Pinsel. Teller, Tassen und Tonkrüge standen aufgereiht in Regalen. Auf dem Tresen Gläser mit Honig und Flaschenbier. Eine große Kaffeemühle mit Schwungrad ist erkennbar, offenbar ein seinerzeit gängiges Modell des französischen Herstellers Peugeot. Vorn auf dem Tresen liegt eine hölzerne Rechentafel, und Papiertüten verschiedener Größen hängen am Kopfende des Tresens. Flankiert wird die Ladenausstattung von einer halbhohen Schubladenwand. Für den Fotografen in

Positur steht im Laden und vor dem Gebäude offenbar die komplette Kaufmannsfamilie mit Sohn und drei Töchtern. Zwei weitere Mädchen auf den Bildern gehören wohl nicht zur Familie.

Das Ehepaar Wilhelm (1874 – 1945) und Anna Johannsen (1888 – 1956) hatte acht Kinder. Der Erstgeborene starb im Alter von fünfundzwanzig, das dritte Kind gleich nach der Geburt. Zwei weitere Kinder, Johanna und Ernst, verstarben beide im Alter von nur einem Jahr. Ein hartes Schicksal für die Familie, aber in jener Zeit war die Sterblichkeit von Kindern allgemein hoch. Nach dem Tod des Vaters 1945 führten die drei Schwestern Helene (1907 - 1999), Elfriede (1915 - 2004) und Adele (1918 - 2003) das Geschäft weiter.

Der Gasthof

Neben dem Kaufmann lag einst die Gastwirtschaft von Claus Petersen. Im Jahr 1900 ist er noch als deren Betreiber in einem Adressbuch nachgewiesen. Zu der Zeit gab es noch zwei weitere Gasthöfe: Den von Jürgen Thietje und Hans Harmsen. Sie führten jeweils eine Wirtschaft an der Hauptstraße (die eine ist der heutige Kirchspielkrug, die andere der inzwischen abgerissene Osterkrug). Dem Petersenschen Anwesen sieht man seine überwiegend landwirtschaftliche Nutzung an. Für drei Gasthöfe in einem Dorf bestand sicherlich keine ausreichende Existenzgrundlage. Die Gastwirtschaft am Dorfteich wird nur als Nebenerwerb betrieben worden sein. Einige Jahre später taucht sie in keinen amtlichen Unterlagen mehr auf.

Die einstige Gastwirtschaft; Hausname: Roms

In der Kaiserzeit war sie offenbar noch eine vielbesuchte Stätte für Rast- und Vergnügensuchende. Das Haus besaß einen Tanzsaal, eine Durchfahrt für Gespanne und einen schönen Garten mit schattenspendenden großen Bäumen. Von dort hatten die Besucher gewiß eine schöne Aussicht auf den Dorfteich. Eine alte Ansichtskarte zeigt Ausflügler mit Rädern vor dem Gasthof. Den Kleidern nach zu urteilen entstand das Bild in der Kaiserzeit noch vor dem I. Weltkrieg. Man sieht zwei modisch gekleidete Frauen mit langem Rock, weißer Bluse und leichtem Sommerhut, daneben ihre schicken Räder mit weißer Bereifung. Ihre männlichen Begleiter, weniger elegant, mit dunkler Schirmmütze und in Hosen, in denen sie sicher bequemer auf dem Fahrrad unterwegs waren als die eher unpassend gekleideten Damen. Vielleicht kamen sie aus einem Nachbardorf, um hier zu einer sonntäglichen Kaffeepause einzukehren.

Kirche und Pastorat

Die Kirche spielte schon immer eine bedeutende Rolle im Dorf. Mit ihrer imposanten Größe bot sie nicht nur den Ostenfeldern, sondern auch den Bewohnern der benachbarten Gemeinden ausreichend Platz. Der Pastor, als ihr geistliches Haupt, galt lange als wichtigste und einflussreichste Persönlichkeit im Dorf. Kirchenbücher und andere Dokumente belegen die frühere Macht und den Reichtum dieser Institution.

Die Mitglieder der Gemeinde besuchten zahlreich und regelmäßig den Gottesdienst, und die Worte wie auch die Bibelgebote, die der Pastor von der Kanzel verkündete, waren eindringlichste Mahnung. Darunter auch die Aufforderung, den Zehnten von allen Erträgen, die das Land erbrachte, dem Herrn zu geben. Und so stifteten viele der Kirche, was sie erübrigen konnten. Manche reiche Bauern vermachten ihr große Teile ihrer Besitzungen oder, wenn kein Erbe da war, sogar ihr gesamtes Vermögen. Auf diese Weise gelangte die Ostenfelder Kirche zu großem Reichtum. Ihr gehörten Äcker, Wiesen, Waldstücke und erhebliche Barmittel, die so üppig waren, dass sie Jahrhunderte hindurch als Kreditgeberin fungierte. Sie verlieh nicht nur Einzelpersonen, sondern auch Kommunen Geld. Die Stadt Husum etwa erhielt mehrmals riesige Summen. Durch den Zins vermehrte sich das Kirchenkapital noch zusätzlich.

Die vermachten Ländereien und Hofanteile wurden von Bauern bewirtschaftet. Von den Erträgen erhielt die Kirche regelmäßig vereinbarte Anteile in Form von Naturalien, beispielsweise Getreide, und Auszahlungen in bar. Mehrere Höfe im Dorf, auch der Brix-Hof am Westerteich, leisteten solche Abgaben, da die Kirche Miteigentum an ihnen besaß. Kriege veränderten bestehende Machtverhältnisse, und so musste die Kirche von ihren Reichtümern im Lauf der Zeit auch wieder einiges an die neuen Herrscher abgeben. Auch heute verfügt die Ostenfelder Kirche immer noch über zahlreiche Besitzungen im Umfeld des Dorfes.

Der Pastor hatte früher die Anwohner des Westerteichs direkt in seinem Blick, denn das Pastorat lag einst östlich von ihm jenseits des grünen Platzes. 1878 soll der jetzige Amtssitz errichtet worden sein. Der Küster wohnte in unmittelbarer Nähe des Pastorats. Er war eine wichtige personelle Unterstützung für den Seelsorger. Zu seinen Aufgaben gehörten die Unterweisung aller Kinder des Kirchspiels in christlicher Religion und das Vorsingen im Gottesdienst. Im 17. Jahrhundert wurde ihm erlaubt, neben seinem Kirchenamt zeitweise einen Krug zu unterhalten, um seine kargen Einkünfte aufzubessern. Zudem war für die Kirchenbesucher, die eine beschwerliche Anfahrt aus den Nachbarorten hinter sich hatten, eine Wirtschaft höchst willkommen, damit Pferde und Wagen untergestellt und die Tiere versorgt werden konnten. Es war auch angenehm für die Besucher, sich nach dem Kirchgang mit Speise und Trank zu stärken und sich mit Bekannten und Freunden dort zu treffen. Dieser Umstand mag auch die Entstehung der Kirchspielkrüge und ihre Bezeichnung erklären.

Bereits früh nahm die Kirche sich auch der Aufgabe an, die Dorfbewohner zu bilden. Anfänglich ging es lediglich darum, im Lesen zu unterrichten, damit Bibeltexte Verbreitung fanden. Später kam das Schreiben und Rechnen dazu, schließlich ein ganzer Fächerkanon und ein geregelter Schulbetrieb. Die Kirche betreute und bestimmte über Jahrhunderte maßgeblich das Schulwesen. Erst nach Beendigung des I. Weltkrieges und nach dem Untergang des Kaiserreichs kam es in Ostenfeld in staatliche Obhut.

Hinter dem Pastorat am Schwarzen Weg stand bis Ende der 1950er Jahre ein Schuppen, der einen Leichenwagen beherbergte. Dessen Aufbauten waren mit Scheiben und Vorhängen versehen und schwarz lackiert. Bei Einsätzen wurden zwei Pferde eingespannt, die den Wagen in langsamer Fahrt durch das Dorf bewegten. Vorne auf dem Bock lenkten in würdevoller Haltung zwei Männer, ganz in schwarz und mit Zylinderhut bekleidet. Dieses sonderbare hohe Gefährt symbolisierte den Tod und ließ Kinder wie Erwachsene erschaudern, wenn es an ihnen vorbeizog. Zu der Zeit gingen noch Totenansagerinnen von Haus zu Haus, um über das Ableben einer Person und deren Beerdigungstermin zu informieren. Zu den letzten Toten, die von dem Leichenwagen abgeholt wurden, zählten Friseur Peter Thies im Kattreppel und die Witwe des letzten Stellmachers am Dorfteich, Anna Petersen. Später übernahmen diese Aufgabe Beerdigungsinstitute mit motorisierten Fahrzeugen aus der Stadt.

Die Schule, die Nazi-Zeit und die Hungerjahre

Die reetgedeckte Schule, die mit ihrer Front zur Hauptstraße und mit ihrer Rückseite zum grünen Platz zeigt, soll 1807 zu Unterrichtszwecken erbaut worden sein. Sie besaß drei Klassenräume (*de lütt School, de middel School* und *de groot School*) und Wohnungen für die Lehrer. Die Kirche kümmerte sich bis 1918 um den Schulbetrieb, danach kam er unter staatliche Aufsicht.

Hunderte von Schülern durchliefen die Schule, begleitet von zahlreichen Lehrern. Waren die zwanziger Jahre noch von der Not der Nachkriegsjahre, von Inflation, Weltwirtschaftskrise und der neuen demokratischen Verfassung der Weimarer Republik geprägt, so brachten die 30er Jahre immer stärker nationalsozialistische Strömungen nach Ostenfeld, die auch vor der Schule nicht Halt machten. Erwachsene wie Kinder wurden zum Beitritt in Nazi-Organisationen aufgefordert. Bereits vor der Machterlangung Hitlers im Januar 1933 traten zahlreiche Ostenfelder der Sturmabteilung (SA), der paramilitärischen Kampforganisation der NSDAP, der Hitlerjugend (HJ) oder der Partei selbst bei. Ostenfelds langjähriger Bürgermeister Johann Friedrich („Fritz") Jebe (1891 – 1972) war bereits 1928 Mitglied der NSDAP und deren Ortsgruppenleiter. Bei der Reichstagswahl 1933 wurde er in den Berliner Reichstag gewählt und hat das Ermächtigungsgesetz mit verabschiedet, das Hitler alle Macht in die Hände gab.

Lehrer- und Schülerschaft wurden nach der Machtübernahme

umgehend im Sinne der Nazi-Ideologie neu ausgerichtet. Das Dritte Reich war erst wenige Wochen alt, da marschierten im Frühjahr 1933 alle Schüler mit ihren Lehren und zahlreiche Einwohner unter dem Geleit des Dorfpolizisten, angeführt von einem SA-Mann auf einem Schimmel zur Notkuhle, um aus Anlaß des „Führer"-Geburtstages feierlich eine Eiche zu pflanzen und einen Gedenkstein zu setzen.

Gemeindevertretung von Ostenfeld, Winnert und Wittbek 1933 vor Thietjes Gasthof. Erst 1935 erhielt jeder Ort selbständige Vertretungen.

Im Lehrplan der Schule dominierte nun das faschistische Gedankengut. Der nationalsozialistische Geist flutete in die Klassenzimmer. Die alten Germanen und Wikinger wurden zu Vorbildern bestimmt. Groß, blauäugig, blond und tapfer seien sie gewesen, hieß es. Die Schule diente jetzt der Umerziehung der Schüler im Sinne der nationalsozialistischen Ideologie. Das neue Regime verlor keine Zeit, obwohl es ein tausendjähriges Reich anstrebte. 1934 wurde der *Staatsjugendtag* eingeführt, der jeweils sonnabends stattfand. An die Stelle des Unterrichts trat nun die *Jungvolkerziehung*. Schüler aus den Nachbardörfern kamen hierher, um gemeinsam mit den Ostenfelder Schülern das Antreten in Reihe und den Gleichschritt zu üben. Anschließend ging es zu Geländespielen mit soldatischem Charakter.

Wenn im normalen Unterricht Sport vorgesehen war, marschierten die Schüler in Formation vom Schulhof über den Kattreppel hinaus aus dem Dorf auf einen Hügel. Dort auf *Gußin Barg* war das von der Schule

1933 errichtetes „Führer"-Ehrenmal mit Eiche und Gedenkstein

Die einstige Dorfschule besaß nur drei Klassenzimmer

gepachtete Sportfeld. Der Marsch dorthin und zurück wurde stets mit dem selben Lied begleitet, das 1914 zum Eintritt der Deutschen in den Ersten Weltkrieg komponiert wurde. Dessen Text ließ schon das Kommende erahnen:

Wir traben in die Weite
das Fähnlein weht im Wind
Viel tausend uns zur Seite,
die ausgezogen sind:

Ins Feindesland zu reiten
Hurra, Viktoria!
Fürs Vaterland zu streiten
Hurra, Viktoria!

Auch in der Freizeit wurden die Schüler nicht sich selbst überlassen. Organisierte Zusammenkünfte und Veranstaltungen standen auf ihrem Programm. Die 10 – 14jährigen Jungen wurden als *Pimpfe,* eine Untergruppe der Hitlerjugend, zusammengefasst. Die Mädchen hatten bei den *Jungmädels* ihren eigenen Verband. Die ganz kleinen wurden in der *Kükengruppe* ideologisch „betreut“. Anfänglich war die Mitgliedschaft in diesen Verbänden freiwillig, später wurde sie verpflichtend für alle 10- bis 18jährigen. Die Nazis verstanden es, Kinder mit Uniformen, Spielen und Gemeinschafts-erlebnissen in ihre Fänge zu locken und sie zu kleinen willfährigen Soldaten und Soldatinnen zu formen. Die Schule war dabei Teil dieses Komplotts.

Pimpfe der Hitlerjugend 1934 auf dem grünen Platz am Dorfteich

Kein Schulfach blieb von ideologischer Indoktrination verschont. Lediglich im Rechnen blieb alles beim Alten. Auch der Handarbeitsunterricht, den die allseits beliebte Frau Boberg, eine Schwedin, gab, eignete sich nicht für politische Beeinflussung. Hertha Fischer, die Tochter des Schmieds Peter Clausen, erinnert sich an den weichen niedlichen Akzent ihrer einstigen Lehrerin. Sie rief ihren Schülerinnen zu: *Nich so snell!* um sie beim Kissennähen zu ordentlichem Arbeiten anzuhalten. Wenn sie in die Klasse kam, begrüßtesie mit nur halb erhobenem Arm und herunterhängender Hand ihre Schüler mit *Heil Hitler.* Vielleicht wollte sie damit zeigen, dass ihr dieses allen Lehrern abverlangte Grußritual zuwider war.

Schulklasse von 1937. Vorne rechts Anne-Margrete Petersen (verheiratete Jürgensen), Tochter des Stellmachers Carsten Petersen

Eine Fotografie, die 1937 entstand, gewährt uns einen Blick in die Mittelklasse. Die Schülerinnen tragen alle Zöpfe und sitzen auf langen Bänken. Im Hintergrund sieht man den Lehrer und ein Ofenrohr. Im Winter hatte jeweils ein Schüler eine Woche lang den Ofen zu heizen und das Heizmaterial von zu Hause mitzubringen.

Nach dem Krieg lag Deutschland in Trümmern. Ostenfeld war als Ziel für die Alliierten nicht von Bedeutung und blieb von Bombenangriffen verschont. Alles, was Probleme schaffen konnte, wurde vernichtet oder verschwand umgehend aus dem Blick. Der Hitler-Gedenkstein soll vergraben worden sein, Uniformen, Fahnen, Abzeichen und verräterische Dokumente wurden verbrannt, Pistolen und Granaten wanderten in die Teiche. Alle trugen schwer an dem Trauma, das der jahrelange Krieg und dessen Folgen hinterlassen hatte. Es gab quälende Ungewissheit, ob Angehörige gefallen oder noch am Leben waren. Die Überlebenden waren ausgezehrt und blickten in eine ungewisse Zukunft. Lebensmittel gab es kaum noch zu kaufen, und das Geld war nichts mehr wert. Aber das Leben musste weitergehen, ein zerstörtes Land wieder aufgebaut werden.

Die englische Besatzungsmacht benötigte ein Hauptquartier in Ostenfeld und ließ verlauten, dass sie sich in Häusern am Westerteich niederlassen wollten und diese zu räumen wären. Zum Glück für deren Bewohner entschieden sie sich jedoch für ein Quartier an der Hauptstraße.

Der Schulbetrieb wurde bald mit überprüften und zugelassenen Lehrkräften wieder aufgenommen. Die Ausstattung der Schule in jener Zeit war äußerst bescheiden. Der Krieg hatte viel zerstört. Rohstoffe gab es kaum, Fabrikationsanlagen lagen darnieder, und es fehlte Personal zum Wiederaufbau und für deren Bedienung. So gab es anfangs keine Schulhefte. Die

Schüler mussten auf Papierstücken schreiben, die sie irgendwo organisierten. Auch unbedruckte Ränder alter Zeitungen wurden benutzt. Neue Schulbücher gab es ebenfalls nicht; es wurden noch die alten, ideologisch gefärbten aus der Nazizeit verwendet. Es galt auch zunächst, die große Zahl unterernährter Flüchtlingskinder wieder aufzupäppeln. Daher wurde eine regelmäßige Schulspeisung eingeführt. Täglich kam ein Kübelwagen vor die Schule gefahren, um alle Schüler und Schülerinnen mit Suppe zu versorgen. Es gab immer nur dicke Milchsuppe mit Rosinen. Aber sie machte satt und gab den hungrigen Kindern wieder Kraft. Diese Mahlzeit wurde noch mehre Jahre nach dem Krieg ausgegeben. Zu Weihnachten bekam jeder Schüler als Extragabe eine ganze Tafel Schokolade.

Ostenfeld nahm sehr viele Flüchtlingsfamilien auf. Zeitweise war die Einwohnerzahl durch ihren Zustrom doppelt so hoch wie vor dem Krieg. Deren Kinder mussten auch beschult werden, so dass es in den drei Klassenräumen äußerst eng zuging. Anfänglich waren bis zu siebzig Schüler in einer Klasse. Man löste das Problem schließlich, indem eine Hälfte der Schüler vormittags, die andere nachmittags unterrichtet wurde.

Die Flüchtlingskinder besaßen kaum vernünftige Kleidung und Schuhwerk. Zwei Brüder erschienen in Mädchenkleidern, da nichts anderes in der Familie vorhanden war. Man kann sich vorstellen, welchem Spott sie ausgesetzt und wie beschämt sie ob ihrer Armut waren. Die Knappheit an Bekleidung machte sich bei den Flüchtlingskindern vor allem im Winter bemerkbar. Dann froren viele jämmerlich.

Manchen Nachkriegslehrern fehlte es an pädagogischem Gespür und fachlicher Qualifikation. Hans-Lorenz Andresen, ein damaliger Schüler, erinnert sich besonders an den

Hauptlehrer Hermann Hansen. Wenn dieser etwas erklärt oder einen Lehrsatz genannt hatte, wies er auf einen Schüler und forderte: *Wiederhole!* Auch der Satz: *Mach keine Kinkerlitzchen!* klingt heute noch seinem ehemaligen Schüler im Ohr.

Hermann Hansen war auch leicht in Rage zu bringen. Schon bei kleineren Vergehen gab es Hiebe. Die Bestrafung vollzog er genußvoll mit süffisantem Lächeln und leitete sie mit händereibender Geste ein. Es passierte dabei schon mal, dass er jemand zu Unrecht oder den Falschen bestrafte. Das vergaßen ihm die Schüler nicht und rächten sich mit derben Streichen.

Nachkriegswinter auf dem Schulhof.
Vorn Lehrer Henrich Hansen, links daneben sein Kollege Otto Empen

Auch sein Schüler Johann Ketelsen erinnert sich an ein gängiges Verhaltensmuster. Wenn alle mit einer Aufgabe still beschäftigt waren, beobachtete Hermann Hansen die Klasse von der rückwärtigen Seite. Fiel jemand auf, trat er unbemerkt hinter den Schüler und sagte: *Yps, du wolltest ...?* und kniff ihm dabei schmerzvoll in den Nacken. Als Johann und seine Freunde in den Sommerferien auf einer Heufuhre ins Dorf kamen und dort diesem Lehrer begegneten, grüßten sie ihn mit obligatorischem Diener. Sie behielten jedoch ihre Mützen auf, da sie meinten, die brauche man zum Gruß nicht abzunehmen. Als nach einigen Wochen der Unterricht wieder begann, wartete in der Schule wegen dieser Unterlassung eine Tracht Prügel auf sie. Johann erinnert sich nicht daran, dass die Kinder der großen Bauern je solche Strafen erhielten.

Im Unterricht, den Hauptlehrer Hansen gab, wurde viel gesungen, vor allem Heimatlieder. Er ging dann durch die Reihen und suchte nach falschen Stimmen oder Jungen im Stimmbruch. Die durften ab sofort nicht mehr mitsingen. Gern setzte er auch seine Geige begleitend ein. Als einmal sein Instrument den Klang versagte und er den Geigenkörper voller Stroh fand, war es um seine Fassung geschehen. Er drohte, diesen Streich schwer zu bestrafen. Täterin war eine seiner Schülerinnen. Es ist aber nicht überliefert, ob er sie ermitteln konnte. Er hatte einige Lieblingsschülerinnen. Die machten alles recht und durften zur Belohnung während des Unterrichts im Dorf Einkäufe für ihn erledigen.

Abwechslung vom täglichen Unterrichtsalltag gab es wenig. Mal wurden Ballspiele auf dem Schulhof organisiert, dann für die Großen eine Schnitzeljagd im Langenhöfter Wald. Hinterher war in Hausarbeit ein Aufsatz über das Erlebte zu schreiben. Solche Nacharbeit, von der man bereits vorher schon wusste, verdrieß den Schülern und Schülerinnen diese Ausflüge.

Wie schon die letzten Kriegsjahre so waren auch die ersten Nachkriegsjahre geprägt vom Hunger. Es gab nicht genügend Nahrungsmittel, um alle ausreichend satt zu machen. Besonders Kinder litten unter Mangelerscheinungen und Wachstumsstörungen. Die Ernährungslage in Ostenfeld war aber von Familie zu Familie unterschiedlich. Je nachdem, ob es Flüchtlinge, Ortsansässige, arme Leute oder Bauern waren. Auch die Leute am Westerteich waren in dieser Hinsicht entweder besser oder schlechter gestellt. Manche besaßen ein paar Tiere, einen Garten mit Gemüse und Obstbäumen oder etwas Land, andere hatten derlei Nahrungsquellen nicht.

Da viele Menschen im Krieg umgekommen waren, fehlte es vor allem in der Landwirtschaft an Arbeitskräften. Die Bauern waren die wichtigsten Lieferanten von Lebensmitteln. Um die Felder zu bestellen, die Ernte einzufahren und die Tiere zu versorgen, bedurfte es vieler Mitarbeiter, denn die Landwirtschaft in jenen Jahren wurde noch überwiegend mit Pferdestärken und menschlicher Kraft betrieben. Wer auf den Höfen arbeitete, konnte zusätzlich zum bescheidenen Lohn vielleicht eine Kanne Milch, Kartoffeln, Rüben und manchmal auch ein Stück Fleisch mit nach Hause bringen. Genügend Nahrung auf den Tisch zu bekommen, war für das Überleben in den schwierigen Nachkriegsjahren das Wichtigste.

Die 50er und 60er Jahre

Den Jahren des Wiederaufbaus folgten in den Fünfzigern die *Wirtschaftswunderjahre*, die auch in Ostenfeld und am Dorfteich spürbar waren. Bei Kaufmann Johannsen wurde das Warenangebot nach und nach üppiger. Nahezu alle Anwohner besaßen nun Gemüsegärten am Haus oder auf Pachtland am Ortsrand, dazu mehrere Tiere, die Milch, Eier und Fleisch lieferten. Die landwirtschaftlichen Erträge nahmen stetig zu dank fortschreitender Technisierung und erhöhtem Düngereinsatz.

Das alte Schulgebäude erfüllte nicht mehr die Anforderungen; an anderer Stelle wurde daher eine neue gebaut. Der tägliche Strom der Schulkinder zum Unterricht am Dorfteich und der Pausenlärm versiegte. Den Gasthof und die Stellmacherei gab es nicht mehr. Das Leben am Teich wurde stiller und beschaulicher.

Gingen die meisten Familienväter bislang einer Arbeit im Dorf nach, so zog der Boom im Straßenbau nun viele hinaus, nicht zuletzt auch wegen des besseren Verdienstes. Ostenfeld erhielt Anfang der fünfziger Jahre eine Teerstraße, die durchgängig von Hollingstedt nach Wittbek führte. Manche werden sich erinnern, dass die Straße im Ort und außerhalb damals noch von Ulmen gesäumt wurde. Sie fielen in den Sechzigern Stürmen und Baumschädlingen zum Opfer.
Das Leben am Dorfteich in jenen Jahren des Aufbruchs und Wandels spiegelt sich wider in den persönlichen Berichten der Anwohner und in den kleinen und großen Ereignissen, die sich dort zutrugen.

Teerstraße mit Ulmenallee in den 50er Jahren.
Blick auf die Ortseinfahrt von Wittbek kommend.

Alle Familien aufzuzählen, die im Umfeld des Westerteichs in den letzten hundert Jahren hier wohnten, ist kaum möglich und auch nicht beabsichtigt. Kriege und Schicksale brachten Veränderungen und viele Häuser wechselten ihre Besitzer. Die meisten Familien, die noch Mitte der 1960er Jahre am Dorfteich ansässig waren, lebten schon lange hier, manche seit mehreren Generationen.

Haus- und Hofbesitzer am Westerteich Mitte der 60er Jahre

1: Hof Hans-Werner Thomsen; Hausname „Brix"
2: Lohnunternehmen Harro Hansen; Hausname „Pe Juels"
3: Familie Feierabend 4: Familie Rathmann 5: Familie Ketelsen
6: Familie und Friseur Helmut Thies 7: Familie Krieger
8: Geschwister Thomas und Anna Petersen; ehemals Stellmacherei
9: Hof John Petersen 10: Hof Lorenzen
11: Hof Harring; Hausname „Roms"; ehemals Gastwirtschaft
12: Kaufmann Johannsen 13: Familie Thomsen
14: Johannes und Margaretha Clausen 15: Familie Niewind
16: Familie Gercke 17: Familie Kickstein; ehemals Friedrich Zölck
18: Familie Neumann; ehemals Diercks

Die Leute vom Kattreppel

Der Kattreppel ist eine kleine Stichstrasse, die den Westerdiek mit der Ohrstedter Straße verbindet. Das Häuserensemble in diesem Viertel ist bis heute nahezu unverändert geblieben. Es sind hübsche kleine Reetdachhäuser, deren Proportionen und ausgewogene Form Harmonie und Schönheit früherer Bauweisen verraten.

Hier lebten drei Familien: Die Rathmanns, die Ketelsens und die Familie Thies. Eigentlich gehörte auch die Familie Krieger dazu, doch ihre Hausfront zeigte auf den Westerdiek. Insofern zählten sie zu Anwohnern jener Strasse. Aber Kinder und Katzen machen sich nichts aus solchen Zuordnungen. Der Kattreppel war für beide ein wunderbarer, durch Hausmauern und Hecken geschützter Spielplatz und Treffpunkt.

Die Rathmanns

wohnten im letzten Haus am Ende des Kattreppels. Es gehörte einst dem Großvater Hinrich, der bis zu seinem Tod mit der Familie dort wohnte. Er handelte mit Kohlen und belieferte viele im Dorf mit dem begehrten Brennstoff. Sein Sohn Johannes (1897 - 1967) setzte, nachdem er aus dem Dienst bei der berittenen Husumer Polizei ausgeschieden war, offenbar den Handel fort, kümmerte sich aber zuletzt nur noch um Lieferungen von Treibstoffen für landwirtschaftliche Betriebe und Gewerbeunternehmen. Für diese Tätigkeit benötigte er ein Fahrzeug. Der VW Käfer der Familie war das einzige Auto, das in den 50er Jahren im Kattreppel stand. Da Johannes zeitlebens keinen Führerschein besaß, chauffierte stets Ehefrau Catharina ihren Mann zu den Kunden. Elke, deren jüngste Tochter, liebte es, im Auto mitzufahren. Auf der Hutablage unter dem Heckfenster baute sie ihre Spielsachen auf und entschwand mit ihnen ins Reich der Phantasie. Das Auto war wichtig für den Beruf, aber es ermöglichte der Familie auch Ausflüge in umliegende Städte, zu Verwandten und Freunden. Es schenkte Bewegungsfreiheit und war ein großer Luxus, den sich damals nur sehr wenige leisten konnten.

Elke spielte als Kind oft am Westerteich. Sie fischte dort gern Kaulquappen und zeigte sie voller Stolz zu Hause. Die Mutter schimpfte, das sei doch Tierquälerei, und bestimmte, die kleinen Geschöpfe sofort wieder in den Teich zurückzubringen. Aber Elke konnte von ihnen nicht lassen, denn sie fand die Froschbabys doch *so süß.*

In ihrer Straße und am Teich waren immer Kinder, mit denen sie spielen konnte. Wenn auf dem grünen Platz große Mengen Busch für den Buschhacker lagerten, diente der Haufen oft für Versteckspiele. Es gab auch sonst überall um den Teich herum genügend Ecken, in denen man sich unsichtbar machen konnte. Besonderes Vergnügen bereitete es den Kindern, wenn es dämmerte und die dunklen Verstecke richtig gruselig wurden.

Elke erinnert sich noch an viele Spiele, die die Kinder abwechselnd wählten: Kaiser, König, Bettelmann; Kippel-Kappel, Busche Robbe; Hinkepott; Völkerball und Federball; Spiele mit Murmeln, Gummitwist, Hula-Hopp-Reifen und Springseil. Beliebt war auch ein aufregendes Wurfspiel, bei dem man Geld gewinnen oder verlieren konnte. Auf einen Holzklotz legten die Mitspieler jeweils einen Pfennig. Mit einem Stein zielten sie dann aus einiger Entfernung auf den Klotz. Fiel dieser um, gehörten dem, der getroffen hatte, alle Münzen, die – je nach Abmachung – Kopf oder Zahl zeigten. Alle anderen Münzen wurden wieder aufgelegt und der nächste

Elke unterm Regenschirm im elterlichen Garten

Spieler durfte sein Glück versuchen. Auf diese Weise verloren manche ihr gesamtes Pfennigvermögen auf einen Streich oder gewannen so viele Münzen, dass sie sich ein paar Bonbons leisten konnten. Zu kaufen gab es die quasi nebenan im Kaufmannsladen der Schwestern Johannsen oder im Stubenladen von *Tante Edith* im Haus der Gerckes.

Besondere Ereignisse für die Kinder im Kattreppel waren die Geburtstage. Die Freundinnen und Freunde wurden eingeladen, es gab Süßigkeiten, Kuchen, Limo, Spaß und Spiel. Bei solchen Gelegenheiten holte die Familie auch gern mal den Fotoapparat hervor, um die Kinderschar im Bild festzuhalten.

Elke (1) feierte 1964 ihren achten Geburtstag mit ihren Gästen: Erika Ketelsen (2), Gudrun Bernecker (3), Hans-Peter Ketelsen (4), Edeltraut Feierabend (5), Roswitha Krieger (6), Frauke Hansen (7), Regina Ketelsen (8) und Hans-Werner Gercke (9)

Was ist aus ihnen geworden? Sie alle erlernten einen Beruf und gründeten Familien. Frauke wurde Beamtin, Amtsinspektorin in der Justizverwaltung, und zog der Liebe wegen nach Nordrhein-Westfalen. Alle anderen blieben in Schleswig-Holstein. Roswitha entschied sich ebenfalls für den öffentlichen Dienst und gelangte nach mehreren Stationen bis ins Kieler Landwirtschaftsministerium. Elke wurde Kinderpflegerin und Gruppenleiterin. Die übrigen Mädchen und Hans-Werner lernten kaufmännische Berufe, Hans-Peter wurde Maler- und Lackierer. Hans-Werner verstarb bereits früh im Jahr 2012.

ließen sich bereits vor 1900 in Ostenfeld nieder. Ihre Vorfahren kamen aus Idstedt; einige von ihnen wanderten einst nach Iowa in die USA aus. Hermann (1911 - 1985) und Louise (1920 – 1992) hatten sieben Kinder. Deren Geburtsjahre lagen – kriegsbedingt – weit auseinander. Frauke, ihr erstes Kind, wurde 1938, und Hans-Peter 1956 geboren. Frauke als die

Louise mit ihren Kindern und der Nachbarstochter Annkatrin Petersen (rechts), die sich bei den Ketelsens sehr wohl fühlte

Älteste musste sich viel um ihre kleinen Geschwister kümmern und wurde von ihnen wie eine Mutter angesehen. Als sie in der Schule eine Übersicht mit allen Geschwistern anfertigen sollten, führten sie die älteren nicht mit auf. Der Lehrer wies sie auf die fehlenden Namen hin. Darauf entgegneten sie: *Gehören die denn dazu?*

Die Familie besaß drei, zeitweise auch vier Milchkühe, die in den Wintermonaten im Stall unter dem Dach des Wohnhauses untergebracht waren. Im Sommer weideten sie auf einer gepachteten Wiese am Langenhöfter Forst. Mutter Lise – mit dieser Kurzform ihres Namens wurde sie allgemein angesprochen, melkte zwei Mal täglich die Kühe. Auf dem Rad nahm sie die Milchkannen und oft eines ihrer Kinder mit, das helfen musste. Den ansteigenden, beschwerlichen Rückweg auf der damaligen Schotterstraße gingen sie zu Fuß. Zu Hause wurde die Milch dann gefiltert und anschließend von einem ihrer Buben zur Meierei gebracht. In die leeren Kannen nahmen sie von dort heißes Wasser zum Spülen mit zurück.

Wenn die Weide am Wald abgegrast war, mussten die Kühe auf eine entfernte Treene-Wiese gebracht werden. Wieviel anstrengender und zeitraubender die täglichen Touren zu den Kühen und zurück dann wurden, vermag sich wohl jeder vorzustellen. Ein hart verdientes Zubrot zur Existenzsicherung der großen Familie!

Frauke musste viele Jahre das Kühemelken übernehmen, als ihre jüngeren Geschwister auf die Welt kamen. Ihr Bruder Hermann, der den Schlachterberuf erlernte, kaufte sich mit achtzehn ein Moped. So ein Gefährt hätte sie sich damals auch für ihre Melktouren gewünscht, denn die waren auf dem Rad mit drei Milchkannen nicht leicht zu bewältigen. Einen

Pferdewagen konnte sich die Familie nicht leisten, er lohnte auch nicht bei der kleinen Milchmenge.

Die Ketelsens besaßen ein Stück Pachtland am westlichen Dorfrand, auf dem sie Kartoffeln und anderes Gemüse anbauten. Zusätzlich hatten sie einige Enten. Ihre Schweine wurden im Spätherbst geschlachtet. Dazu kam eigens ein Schlachter ins Haus. Das Fleisch wurde zu Räucherwürsten, Schinken und Konserven verarbeitet. Ende der 50er Jahre konnten sie es in einem gemieteten Gefrierfach in der alten Schule einfach einfrieren. Sie waren zum großen Teil Selbstversorger und brauchten nur wenige Lebensmittel dazuzukaufen.

Wasser für ihre Tiere holten die Ketelsens regelmäßig aus dem Westerteich.Trinkwasser bezogen sie von dem Brunnen, der zum Abnahmehaus des Petersen-Hofes gehörte. Dieses Haus, hinter dem Kattreppel gelegen, wurde wegen einer geänderten Straßenführung abgerissen. 1962 bekam die Familie einen eigenen Trinkwasserbrunnen.

Zu ihrer Konfirmation erhielt Frauke von ihrem Opa ihre ersten Seidenstrümpfe mit sichtbarer dunkler Naht. Diese Strümpfe waren teuer und wurden, wenn Laufmaschen auftraten, zur Reparatur eingeschickt.

Bis auf Frauke durften alle Kinder der Ketelsens einen Beruf erlernen. Ihr Vater bestimmte, dass sie in Stellung gehen solle, da sie ja doch bald heiraten würde. In den schwierigen Nachkriegsjahren hatte in vielen Familien Geldverdienen Vorrang vor Bildung. Alle bis auf ein Mädchen aus Fraukes Jahrgang mussten auf eine Ausbildung verzichten, als sie 1953 ausgeschult wurden. Die Mädchen waren in jenen Jahren in beruflicher Hinsicht besonders benachteiligt.

Frauke heiratete 1964 und zog zu ihrem Mann nach Wester-Ohrstedt. In ihrer Familie wurde immer Platt gesprochen. In ihrer neuen Wahlheimat, die nur wenige Kilometer von ihrem früheren Zuhause entfernt liegt, fiel ihre andersartige Sprache auf. Sie hörte dann Ohrstedter sagen: *Du mit din Ostenfelder Platt!* Oder: *Wo holst du dat ole Wort her?* Für Portemonaie sagte sie *Knipp.* Den Ausdruck kannten kaum welche in ihrem neuen Wohnort. Denn im Plattdeutschen gab und gibt es manche Unterschiede selbst in benachbarten Dörfern. Die Sprache verriet, dass man nicht zu den Einheimischen gehörte. Aber Frauke wurde dort freundlich aufgenommen und fühlte sich schnell heimisch.

Dieses Abnahmehaus gehörte zum Hof John Petersen.
Es wurde Anfang der 60er Jahre abgerissen.

Unterschiede in der gesellschaftlichen Rangordnung, zwischen Arm und Reich, spielten in Wester-Ohrstedt nicht so eine große Rolle wie in Ostenfeld, wo die *Herrschaften* auf den Höfen oft für sich speisten und besseres Essen als ihr Gesinde erhielten. Fraukes Vater, der bei einem Ostenfelder Bauern in Stellung war, erzählte, dass er *Pannkoken umtuscht har.* Er hatte die für die Herrschaft in gutem Fett oder Butter ausgebackenen Pfannkuchen gegen die in Talg gebackenen für die Arbeiter ausgetauscht. Er wollte auch mal von dem kosten, was ihnen nicht gegönnt wurde.

Als die Kinder das Haus verlassen hatten, um ihr eigenes Leben zu leben, und ihr Vater in Rente ging, ließen es Hermann und Louise ruhiger angehen. Sie hatten jetzt viel Zeit, sich von der anstrengenden Arbeit vergangener Jahre auszuruhen. Die Tiere waren abgeschafft, die Ställe leer. Man sah sie nun oft gemeinsam auf einer Bank im Kattreppel oder am Westerteich sitzen. Sie hatten immer im Dorf gelebt, viel gearbeitet und wenig von der Außenwelt gesehen.

Nun wurden kleine Tagesausflüge ihr neues Vergnügen. Hermann mochte die Butterfahrten auf See und Louise war nach dem Tod ihres Mannes gern auf Kaffeefahrten im Bus unterwegs. Mit ihrer Gesundheit war es aber nicht aufs Beste bestellt, deshalb machten sich ihre Töchter Sorgen wegen ihrer Reisen. Eines Tages erhielten sie vom Hausarzt einen Anruf, ihre Mutter sei wegen einer Gallenkollik in Lüneburg in Behandlung. Nein, das könne nicht sein, ihre Mutter sei zu Hause, entgegneten sie. Doch Louise war mal wieder mit dem Bus auf Tour und musste sich in ärztliche Obhut begeben. Zum Glück konnte sie jedoch noch am selben Tag mit dem Bus wieder zurückkehren. Daheim versprach sie ihren Töchtern: *Nee Deerns, ik mok dat ook nich wedder.* Tat sie aber doch immer wieder, weil sie diese Ausflüge so liebte.

Louise und Hermann und eine Besucherin (Mitte)

Johann, das dritte Kind der Familie Ketelsen, wurde im Kriegsjahr 1944 geboren. Sein Leben nahm einen anderen Verlauf als das seiner Schwester Frauke, und er blickt aus einer etwas anderen Perspektive zurück auf das damalige Leben am Dorfteich. Die Lebensumstände in den Nachkriegsjahren waren sehr schwierig. Lebensmittelknappheit und Unterernährung prägten diese Zeit. Vater war im Krieg, kam anschließend mehrere Jahre in russische Gefangenschaft. Mutter musste mit den Kindern lange allein zurechtkommen.

Johanns Vater Hermann kehrte erst spät aus der Gefangenschaft heim. Danach arbeitete er mehrere Jahre auf dem Mühlenhof, auf dem auch Landwirtschaft betrieben wurde. In der Landarbeit erfahrene Arbeitskräfte waren damals auf den Höfen rar, und so wurde der Mühlenbesitzer bei den Ketelsens mehrfach zu Hause vorstellig, um für eine Anstellung zu werben. Als Extras wurden zwei Brote pro Woche und kostenloses Mitbacken von hausgemachtem Kuchen in der Mühlenbäckerei vereinbart. In den Nachkriegsjahren, in denen Mehl und Heizmaterial knapp waren, eine willkommene Lohnzugabe.

Obwohl im Nachbarhaus ein Friseurgeschäft war, ging die Familie Ketelsen nie dort hin. Wenn Onkel Heinrich zu Besuch kam, schnitt er Vater und den Kindern meistens die Haare. Aber auch der Vater selbst betätigte sich bei seinem Nachwuchs als Friseur. Seine große Familie regelmäßig zum Haareschneiden zu schicken, kam schon aus Kostengründen nicht in Frage.

Johann ging beim Schmied August Zietz in die Lehre und träumte von einem Moped. Ein Fahrschullehrer kam eigens aus Erfde, um ihn und andere Führerscheinbewerber auf die Prüfung vorzubereiten – reihum in den Wohnzimmern seiner Schüler. Zur Prüfung mussten alle nach Erfde. Der Vater eines Schülers – selbst ohne Führerschein – fuhr sie in einem geliehenen Auto dorthin. Der Prüfer war angetrunken. Das tat der Veranstaltung aber keinen Abbruch. Im Gegenteil: Alles lief problemlos und keiner fiel durch.

Johanns erstes Moped war ein DKW-Modell. Später wechselte er zu einer Zündapp. Dafür zu sparen fiel im leicht, da er nicht rauchte. Die furchtbare Erfahrung mit der ersten und einzigen auf Lunge gerauchten Zigarre hielt ihn von dieser teuren Sucht auf Dauer fern. Nach Abschluss seiner Lehre fand er eine Anstellung als Baggerfahrer. Er verdiente gutes Geld und konnte sich bereits mit achtzehn ein Auto und den dazu erfor-

Johann, stolzer Besitzer einer Zündapp

lichen Führerschein leisten. Im Frühjahr 1962 erschien Johann erstmals in seinem gebrauchten weißen BMW 700 am Dorfteich. Sein Auftritt fand besondere Beachtung. So ein junger Mann und schon ein Auto! 1961 kostete das neue Modell in Standardausführung 4760 D-Mark, das Coupé 5300 D-Mark. Nur die Familien Rathmann und Neumann besaßen bis dato überhaupt einen Pkw. Die Bauern hatten ihre Trecker, wenige andere ein Moped oder gar ein Motorrad. Das Auto machte Johann beruflich flexibel. Er konnte nun Arbeiten in einem weiten Umkreis annehmen und dorthin fahren, wo er gut verdiente. Die Anschaffung bescherte Johann auch noch einen weiteren Vorteil: Manche Mädchen nahmen den jungen Mann auf Tanzveranstaltungen besonders in ihren Blick, denn Tänzer mit Autos besaßen im Vergleich zu solchen ohne Gefährt einen nicht unerheblichen Vorzug. *Die Mädchen liefen mir die Tür ein,* erinnert sich Johann gern an diese Zeit.

Johann (rechts) und Kurt Stapelfeld genießen ein Eis bei Kaufmann Lunks. Daneben Johanns erstes Auto

Mit dem Auto machte Johann Urlaub in Holland und Frankreich, lange bevor die allgemeine Reiselust auch andere Ostenfelder befiel. Als einer der ersten verließ er die kleine Dorfwelt, um etwas zu erleben und zu erreichen.

Nach der großen Sturmflut im Februar 1962 waren Baggerfahrer im Küstenschutz sehr gefragt, und sie verdienten gut. Für 2,20 Mark Stundenlohn saß Johann oft vierzehn bis fünfzehn Stunden auf dem Bagger. Sein Vater mit kinderreicher Familie verdiente bei weitem nicht so viel wie er.

Johann war deutschlandweit unterwegs. Sieben Jahre baggerte er in Bayern – am Münchner Flughafen, in Regensburg auf dem BMW-Werksgelände und in Augsburg am Lech-Kanal. Aber es zog ihn wieder in die Heimat. Als Rentner lebt er heute zufrieden im eigenen Haus mit schönem Garten und Fischteich in einem Dorf in Nordfriesland.

Der Friseur

Eines der reetgedeckten Häuser im Kattreppel wies eine Besonderheit auf. Über der Haustür, befestigt an zwei Ketten, hing ein Messingteller. Es war das Zunftzeichen des Friseurhandwerks und stellte ein Rasierbecken dar. Hier traten täglich viele Ostenfelder und Bewohner der Nachbarorte ein und frisch frisiert wieder hinaus. Peter Thies hatte einst den Friseursalon betrieben. Seine beiden Söhne fielen jedoch im Zweiten Weltkrieg und so übernahm sein Schwiegersohn das Geschäft. Dessen schwer auszusprechender Familienname erschien jedoch unpassend für den Salon und so nahm er den Nachnamen seiner Frau Marga an.

Zusammen mit ihr führte er das Geschäft viele Jahre. Marga assistierte in der Damenabteilung, wusch den Kundinnen die Haare. Ihr Mann besorgte den Schnitt und drappierte die Frisuren. Das hübsche kleine Haus beherbergte Salon und Wohnung der Familie Thies. Durch die Haustür ging es geradlinig durch einen kleinen Flur direkt in den Herrensalon, links daneben mit offenem Durchgang, lediglich durch einen

Vorhang getrennt, lag der Bereich für die Damen.

Helmut Thies war stets perfekt frisiert und gekleidet, im Umgang mit seinen Kunden zurückhaltend, konzentriert auf seine Arbeit, eher zuhörend. Ich erinnere mich, dass er Sandalen trug. Denn er musste den ganzen Tag stehen. Daher war luftiges, bequemes Schuhwerk wichtig. Seine Kundschaft war bunt gemischt, ein Querschnitt der dörflichen Bevölkerung: Bauern und Arbeiter, einfache Leute und Gutsituierte, Gesprächige und weniger Gesprächige, Erwachsene und Kinder.

Wenn meine Mutter entschied, es sei an der Zeit für einen Haarschnitt, schickte sie mich mit passendem Kleingeld zum Friseur im Kattreppel. Wenn andere vor mir dran waren, wartete ich geduldig auf einem Stuhl sitzend und schaute zu, wie Männer- oder Kinderköpfe in Form geschoren wurden. Der Friseur hantierte so geschickt und flick mit Kamm und Schere als wären seine Hände mit ihnen verwachsen. Es machte schnipp-schnapp-schnipp-schnapp und Haarbüschel für Haarbüschel segelten auf den Fußboden. Das unablässige Scherengeräusch untermalte die Gespräche zwischen Friseur und Kunde, dabei schauten beide ab und zu in den Wandspiegel für einen kurzen Blickkontakt. Für den Moment ruhte der Scherbetrieb, es hätte sonst ein Stück Ohr kosten können. Es ging um Familie, Gesundheit, Arbeit und Politik. Ich hörte gern zu, erfuhr vom Leben der Anderen, vernahm ihre Ansichten und Meinungen. Helmut Thies verstand es, die Unterhaltungen so zu führen, dass sie nicht in Problemthemen abglittten, sondern eine gewisse Leichtigkeit behielten. Denn ein angenehmes Gesprächsklima war förderlich für das Geschäft.

Marga hat dazu besonders viel beigetragen. Allein schon,

indem sie mit vielen Kunden Platt sprach. Ihr Mann hingegen beherrschte lediglich Hochdeutsch. Sie besaß eine fröhliche Natur, verbreitete gute Laune und konnte wunderbar sowohl mit den weiblichen wie männlichen Kunden umgehen. Auch war sie uns Kindern besonders zugetan, das spürten wir. Hermann Niewind, der als kleiner Junge am Westerteich aufwuchs und oft im Kattreppel spielte, erhielt seinen Haarschnitt stets kostenlos. Wenn Marga der Meinung war, dass Hermann mal wieder auf den Frisierstuhl gehörte, fügte er sich ihrer Anordnung.

Auch aus den Nachbardörfern kamen zahlreiche Kunden zu Helmut Thies. In Wittbek gab es eine alternative „Friseuradresse". Den Haarschnitt besorgte auf Wunsch der dortige Hausschlachter und Reetdachdecker Heinrich Hansen in seiner Küche. Das wird kein Feinschnitt gewesen sein, doch für den Alltag reichte es. Für feierliche Anlässe ging man doch lieber zum richtigen Friseur nach Ostenfeld.

Manche Kunden gingen auch gern zur Rasur in den Salon von Helmut Thies. Ihr Besuch diente neben der Verschönerung auch dem Klönschnack. Oft trafen sich Leute in der Frisierstube, die sich gut kannten. Dann gab es Gelegenheit, mal wieder Neuigkeiten auszutauschen. Einige blieben auch noch ein Weilchen, obwohl sie schon bedient worden waren.
Für Kinder wurde der Frisierstuhl mit einem speziellen Aufsatz versehen, um die kleinen Kunden in eine höhere Position zu bringen, sie wären sonst in dem großen Möbel versunken. Oft saß ich darin und hoffte, der Haarschnitt würde diesmal nicht so radikal kurz wie bei den letzten Sitzungen ausfallen. Bevor er die Schere ansetzte fragte der Friseur: *Façon oder Rundschnitt?* Zwar wusste ich nichts mit dem Wort *Façon* anzufangen, aber es klang gut und so entschied ich mich für

diese Variante. Auch die Frage: *Scheitel links oder rechts?* verunsicherte mich, denn mir fehlte die Orientierung für diese Begriffe. Ich zeigte dann mit dem Finger, wohin ich den Scheitel haben wollte. Aber eigentlich wollte ich gar keinen Scheitel, nur die Haare etwas kürzer, sonst nichts.

Den Friseur suchte ich nicht gern auf, obwohl ich das Haareschneiden selbst als angenehm empfand. Es war ein Moment der Beachtung, der Zuwendung; das Kämmen und Schneiden hatte etwas Meditatives. Es entspannte mich und fühlte sich gut an. Zur Prozedur gehörte auch das Ausschneiden der Nackenhaare mit der elektrischen Schere. Bevor sie loslegte kam um den Hemdkragen ein Schutz aus Krepppapier. Dann surrte der Schneidkopf der Maschine über den Nacken. Waren die Klingen nicht richtig scharf, rupften sie eher als zu schneiden. Das konnte ziemlich schmerzhaft sein. Zur Abschlusszeremonie gehörte stets eine Portion parfümiertes Haarwasser, nochmaliges Kämmen der Scheitelfrisur und die Entfernung des Schutzumhanges mit elegantem Schwung. Dann sollte ich mich im Spiegel betrachten. Aber ich mochte nicht hinsehen. Ich wusste, es war wieder zu kurz, die Ohren wie immer zu weit freigeschnitten. Es würde zwei Wochen dauern, ehe ich mich wieder im Spiegel betrachten mochte. Und nach weiteren zwei Wochen wäre schon wieder ein Haarschnitt fällig! Trat ich akurat gekämmt nach draußen, vermochte eine leichte Windboe das Werk umgehend zu ruinieren. Dann hing schief eine Strähne des zur Seite gekämmten Haares über dem rechten oder linken Auge, je nachdem welche Scheitelseite man gewählt hatte. Das sah dann richtig doof aus und war nur deshalb erträglich, weil alle Jungs im Dorf so herumliefen. Besonders häufig tauchte dieses Frisurbild bei Kinderfesten auf, da wir alle zeitgleich vorher zum Friseur geschickt worden waren.

Einheitsfrisur der Jungen auf dem Kinderfest.
Von links: Helga Neumann, der Autor, Hans-John Petersen

Es gab im Dorf auch noch einen zweiten Friseur: Momme Mommsen. Aber dessen kleiner Salon lag für mich und andere zu weit am östlichen Ortsrand. Später baute sich Momme ein Haus gegenüber der Kirche und führte darin sein Frisiergeschäft. Nur wenige hundert Meter entfernt lag das Haus von Helmut Thies. Doch beide hatten ihren Kundenstamm, der ihnen viele Jahre die Existenz sicherte. Es war damals einfach so, dass man seinem Bäcker, seinem Kaufmann und auch dem Friseur die Treue hielt. Es gab natürlich auch Ausnahmen. Helmut Ludzuweit, der als Kind häufig seine Großeltern Johannes und Margaretha Clausen am

Dorfteich besuchte, ging regelmäßig zu Thies zum Haarschnitt. Aber als er einmal gegen seinen Willen einen Kurzhaarschnitt bekam, den sein Vater beim Friseur beauftragt hatte, war es mit der Treue vorbei. Er wechselte zu Momme Mommsen und erhielt dort den Schnitt, den er sich selber wünschte.

Anfang der siebziger Jahre hat Helmut Thies sein Friseurgeschäft aufgegeben. Viele seiner früheren Kunden arbeiteten inzwischen auswärts und gingen in Husum oder anderswo zum Haarschneiden. Von den immer geringer werdenden Einnahmen ließ sich keine Existenz mehr bestreiten. Helmut Thies fand in Husum eine neue, allerdings berufsfremde Arbeit. Es dürfte für ihn, der so viele Jahre selbständig war, nicht leicht gewesen sein, nun auf Anweisung von Vorgesetzten arbeiten zu müssen. Das Ehepaar Thies verkaufte später das Haus und zog in eine kleine Gemeindewohnung.

Die Familie, zur der auch Tochter Marita gehörte, besaß nie ein eigenes Auto. Marga und Helmut Thies mussten sich in der Woche um ihr Geschäft kümmern, da hätte die Anschaffung eines Fahrzeugs wenig Sinn gemacht. Aber sie liebten kleine Ausflüge und fanden einen Weg, der ihnen diese Fluchten ermöglichte. An Sonntagen oder Montagen, wenn ihr Geschäft geschlossen war, mieteten sie sich von der Autowerkstatt Kostowski einen Pkw und düsten damit durch die Lande.

Die Leute vom Westerdiek

An zwei Seiten führt die Straße Westerdiek um den Dorfteich herum. Deren Bewohner blicken von ihren Fenstern, Haustüren und Gärten direkt auf das Gewässer. So haben sie auch die Kinder im Blick, die dort spielen, und das Geschehen drumherum. Ein besonderer Platz liegt an der westlichen Uferseite, der die beste Aussicht auf den Teich und den grünen Platz gewährt.

Die Bank bei Pe Juels

Wahrscheinlich haben sich an dieser Stelle schon immer Menschen zu einem Schwatz zusammengefunden. Vielleicht schon so lange wie es den Westerteich gibt. Von hier sieht man auf alle Häuser, die den Platz wie einen Schutzwall umschließen. Er gibt dem Dorf seine Mitte, obwohl er nicht direkt in seinem Zentrum liegt.

Früher mag es dort noch keine Bank gegeben haben. Vielleicht genügte eine improvisierte Sitzgelegenheit: Ein Brett mit zwei Holzklötzen darunter oder etwas ähnlichem. Ein um 1950 entstandenes Foto zeigt fünf alte Herren, die auf tönernen Drainagerohren sitzen. Keine bequeme Sitzgelegenheit, aber das schien den Männern nicht so wichtig. Sie hatten ein langes arbeitsreiches Leben und den Krieg hinter sich und durften sich ausruhen. Ein bißchen Unterhaltung über dies und das und den ausklingenden Sommertag genießen.

Solche Zusammenkünfte alter Männer sah man in jener Zeit allerorten: Die Fischer am Hafen, die nicht mehr hinausfuhren, die Alten in der Stadt und auf dem Land, die es nun an ihrem Lebensabend geruhsamer angehen ließen und viel Zeit zum

Plaudern hatten. Der Klönschnack war eine willkommene Abwechslung in ihrem nicht mehr so aufregenden Alltag. Jüngere, die einfach nur dasaßen, sah man kaum und wenn, hieß es, die seien faul.

Irgendwann kam eine richtige Bank auf diesen Platz. Aber die Alten, die es nun bequemer gehabt hätten, waren nicht mehr da. Der letzte der fünf Großväter, Friedrich („Fiete") Zölck, verstarb 1959. Doch bald nahmen andere Anwohner ihren Platz ein.

Oft saßen hier die alten Männer: (von links) Claus Hansen, Hinrich Rathmann, Johannes Ketelsen, Thomas „Brix" Thomsen, Friedrich Zölck. Der Junge im Hintergrund ist Hermann Ketelsen.

An Sommerabenden sah man dort nun überwiegend Frauen, die auf die Heimkehr ihrer Männer warteten. Hans Gercke, Hermann Ketelsen und Vorarbeiter Herbert Hansen gehörten einer Teerkolonne an und (Jo)Hannes Krieger hatte mit Gußasphalt zu tun. Die Männer kamen oft zu unbestimmten Zeiten spät am Abend nach Hause, denn erst wenn der Straßenabschnitt fertig geteert war, hatten sie Feierabend. Die Ehefrauen warteten lieber gemeinsam bei einem Plausch auf der Bank auf ihre Männer als allein daheim. So sah man sie dort oft in unterschiedlicher Zusammensetzung. Kamen schließlich die Männer, gingen sie mit ihnen nach Hause und wärmten das Mittagessen für sie auf.

Die Arbeitsverhältnisse, das Einkommen und die dörfliche Gesellschaft veränderten sich binnen weniger Jahre deutlich. Auch die Lebensart wurde lockerer und die Bekleidung bunter. Selbst die Zusammenkünfte auf der Bank spiegelten diesen Wandel. Die allgemeine Reiselust, die mit zunehmender Freizeit und größerem Wohlstand selbst die „kleinen Leute" befiel, führte zur Bekanntschaft mit anderen Völkern und Lebensweisen. Die deutschen Urlauber sahen die Lebensfreude und scheinbare Leichtigkeit, mit der die Südländer ihre Tage begingen. Ostenfelder, die von einem Urlaub am Mittelmeer zurückkehrten, nahmen eine Portion Lebenslust aus ihrem Gastland mit. Jetzt mochten sie auch auf dem heimischen Teller Spaghetti mit Tomatensoße und Pizza, tranken dazu einen Chianti oder einen anderen Roten. Man sah sie sogar öfter im Sommer unter freiem Himmel im Garten speisen. Der Bankplatz am Dorfteich wurde zu einer allseits gefragten Begegnungsstätte, an der man sich zufällig traf oder verabredete. Jetzt traute man sich, es auch öffentlich zu zeigen: Wir genießen das Leben! Wir können es auch wie die Italiener, Spanier und Franzosen!

Kaffeetafel mit Teichanwohnern am Bankplatz

Glückliche Kindheit

Das kleine Reetdachhaus am Westerdiek/Ecke Kattreppel neben der früheren Stellmacherei Petersen wurde lange von der Familie Krieger und ihren Nachkommen bewohnt. Zuletzt lebte dort Johannes („Hannes") Krieger (1922 - 1992) mit seiner Frau und seinen zwei Kindern. Er selbst hatte neun Geschwister. Das Haus war damals, als er es mit seinen Eltern bewohnte, nach Norden hin noch ein Stück länger. Es beherbergte in einem kleinen Stall zusätzlich einige Nutztiere, vielleicht eine Milchkuh und ein paar Schweine. Hannes' Mutter Mathilde arbeitete als Putzfrau in der Schule auf der gegenüberliegenden Teichseite und trug so zum kargen Einkommen der Familie bei. Dort gingen er und seine Geschwister zur Schule. Seine jüngste Schwester Elfriede wurde 1932 eingeschult. In den Pausen lief sie oft mit ihren Freundinnen Hertha Fischer und Irene Asmus zu ihrer Mutter nach Hause, um sich ein *Fettbrot* zu holen – eine Scheibe Brot mit Griebenschmalz. Noch heute erinnert sich Hertha an die köstlichen Schnitten, die in jenen mageren Zeiten etwas ganz Besonderes nicht nur für Kinder waren.

Hannes Krieger erbte das Haus von seinen Eltern und bewohnte es mit seiner kleinen Familie bis zu seinem Tod. In den Kriegs- und Nachkriegsjahren gab es kaum Ausbildungsmöglichkeiten, so dass er wie viele andere keinen

Luftbildaufnahme vom Westerteich, 1954

Beruf erlernen konnte. Er nahm verschiedene Beschäftigungen an. Im Straßenbau arbeitete er lange und verdiente dort verhältnismäßig gut. Nach den bitteren Erfahrungen in den Hungerjahren gab eine Milchkuh, die die Familie in einem angebauten Stall hielt, zusätzliche Sicherheit. Sie wurde täglich von Hannes' Ehefrau Irma gemolken. Im Sommer graste die Kuh zusammen mit anderen Kühen auf einer Weide. Dorthin und zurück ins Dorf ging's mit dem Fahrrad; vorne eingehängt die Milchkanne und hinten auf dem Gepäckträger ihre kleine Tochter Roswitha. Das waren beschwerliche tägliche Touren bei Wind und Wetter.

1960 wurde Roswitha, ihr erstes Kind, drei Jahre alt. Sie konnte vom kleinen Reetdachhaus ihrer Eltern über den Dorfteich direkt zu dem Haus der Gerckes sehen. Dort wohnte der gleichaltrige Hans-Werner. Beide befreundeten sich eines Tages und verbrachten zusammen spielend ihre Kinderjahre. Mal in der Sandkiste bei Gerckes, mal bei den Kriegers im Garten, im Kattreppel, am Westerteich oder eben dort, wo gerade etwas los war.Ihr Vater besaß als einziger am Dorfteich ein Motorrad. Oft wurde damit Oma Else in Husum-Dreimühlen besucht. Die kleine Roswitha, warm eingepackt, kam zwischen Vater und Mutter auf den Fahrersitz und ab ging's zur Großmutter. Aber der oft kalte, manchmal auch nasse Fahrtwind kroch der Kleinen in die Glieder. Der laute, vibrierende Motor tat ein Übriges, Roswitha die Fahrt nicht vergnüglich erscheinen zu lassen. Zudem wird die Art der Personenbeförderung sicherlich nicht dem geltenden Verkehrsrecht entsprochen haben, aber sie kamen immer unbehelligt ans Ziel. Später kaufte sich Hannes ein Goggomobil. Ein kleines Auto zwar, aber ihr Vater war *so stolz*, erinnert sich Roswitha. Für sie und ihre Mutter wurden die Oma-Besuche nun bequem und angenehm. Einige Jahre später löste ein roter Opel Kadett das Goggomobil ab.

Roswitha und ihr Freund Hans-Werner Gercke

Die Familie Krieger lebte in bescheidenen Verhältnissen. Aber Geburtstage und Weihnachten wurden für Roswitha und ihren jüngeren Bruder Uwe dennoch zu großen Festen, bei denen sie wundervolle Gaben von ihren Eltern erhielten. Zu Weihnachten etwa durfte Roswitha ihre Geschenke noch vor der eigentlichen Bescherung auspacken und zum Weihnachtsgottesdienst anziehen – einen warmen Anorak, einen dazu passenden Schal, eine Wintermütze und Handschuhe. Ein Strahlen geht über ihr Gesicht, wenn sie heute davon erzählt. Auf dem Weg zur Kirche fühlte sie sich so glücklich in ihren schönen, neuen

Wintersachen. Sie sang im Kirchenchor, der nur aus Mädchen bestand und von einer Organistin aus Winnert geleitet wurde. Er sang zu Gottesdiensten, Hochzeiten und Beerdigungen. Für jeden Auftritt gab es ein kleines Handgeld, zuerst fünfundzwanzig Pfennig, dann fünfzig Pfennig und später eine Mark. Aber zwischen diesen rasant erscheinenden „Lohnsteigerungen" lagen Jahre!

Einmal fuhr Roswitha mit Freundinnen auf dem Rad zum Jahrmarkt nach Husum. Ihr Vater gab ihr zwölf Mark mit auf den Weg. Als sie zurückkam, fragte er, wie viel von dem mitgegebenen Geld sie noch übrigbehalten hätte. Elf Mark! Roswitha lernte früh, mit Geld sparsam umzugehen. *Behalt das mal*, war seine Erwiderung. Sie empfand es wie eine Belohnung.

Die Winter, die Roswitha in ihrer Kindheit erlebte, waren oft frostig und bescherten dem Dorfteich regelmäßig dickes Eis. Es bedeutete schönstes Wintervergnügen direkt vor ihrer Haustür. Große Freude empfand Roswitha über ein besonderes Weihnachtsgeschenk, das sie sich zusammen mit ihren Eltern im Schuhhaus Mader in Husum selbst aussuchen durfte. Es waren weinrote Lederschnürstiefel, zwei Nummern größer als ihre eigentliche Fußweite, denn Kinder wachsen bekanntlich schnell, und die teuren Schuhe sollten doch ein paar Jahre tragbar sein. Dazu gab es Schlittschuhe, die an Sohle und Absatz festgeschraubt wurden. Roswitha lernte schnell auf Kufen zu laufen und entwickelte sich bald zu einer kleinen Eisprinzessin, die in auffälligen roten Schuhen fröhlich auf dem blanken Eis ihre Runden drehte.

Wenn Roswitha heute in ihre Kindheit zurückblickt, ist sie ihren Eltern so dankbar für die schönen unbeschwerten Jahre und für die herzliche Geborgenheit, die sie ihr und ihrem Bruder gaben.

Beruflich legte sie später einen beachtlichen Weg zurück. Sie erlangte über eine Eignungsprüfung die Berechtigung zum Fachhochschulstudium und arbeitete zuletzt viele Jahre im Landwirtschaftsministerium in Kiel. Von ihrem Bürofenster genoß sie die Aussicht auf die Kieler Förde. Als Kind hatte sie „Seeblick" direkt von ihrem Elternhaus und hier nun echten Meerblick. Ein schönes Leben am Wasser, wie es sich viele wünschen.

Hof Thomsen „Brix"

Dieser an der nordwestlichen Seite des Westerteichs gelegene Hof leistete in früherer Zeit Abgaben an die Kirche, da diese ein Teil der Ländereien bzw. Hofanteile besaß. Aus der Verkopplungskarte von 1783 ist ersichtlich, dass damals noch ein Landstück auf der gegenüberliegenden südlichen Seite des Teichs zum Hof gehörte.

Volkert Thomsen, geboren 1947, verbrachte einige Jahre seiner Kindheit auf diesem Hof, der seinen Großeltern, Thomas und Marie Thomsen, gehörte. Später bewirtschaftete ihn deren Sohn Hans-Werner Thomsen. Für Volkert waren die Jahre am Dorfteich von prägender Bedeutung. Als er später wieder nach Steinberg bei Oldersbek zog, wo er schon in seinen ersten Lebensjahren aufwuchs, hielt er stets die Verbindung zu Ostenfeld aufrecht, zuerst per Rad, dann mit Moped und schließlich mit dem Auto.

Auch als Jugendlicher war er oft bei den Großeltern zu Besuch. Als er dort einmal mit Freunden zusammenkam und diese nach „Trinkbarem" fragten, fiel ihm die Kömflasche seines Opas ein, der aus „gesundheitlichen Gründen" täglich einen Schluck

Der Brix-Hof, links daneben das Anwesen von Pe Juels.
Aufnahme aus den 50er Jahren

daraus nahm. Die Freunde schenkten sich ein, und Volkert füllte soviel Wasser in die Flasche nach, wie sie an Schnaps geleert hatten. Als später der Opa sich wieder mal einen Schluck genehmigte, fand er den Geschmack komisch und sagte zu seiner Frau: *Marie, koop man nich mehr den Köm von de Koopmanndeerns, de smeckt nich. Koop den vun Lunks.*

Auf dem gefrorenen Westerteich hat Volkert mit Moped oft seine Runden gedreht, auch mal damit einen besetzten Schlitten hinter sich her gezogen. Später hat er sich auch manches Mal mit Auto auf das Eis gewagt. Nicht jedoch ohne vorher gewissenhaft dessen Tragfähigkeit zu prüfen, denn mit dem Auto einzubrechen wäre katastrophal gewesen. Bei Eishockeyspielen hat er gern die Torwartrolle übernommen.

Als Kleinkind zog sich Volkert bei einem tragischen Unfall eine Rückenmarkverletzung zu, die zu einer Teillähmung seiner Beine führte, die ihn dauerhaft beeinträchtigt. Seitdem kann er nicht mehr richtig gehen und ohne Stock nicht stehen. Aber als „Sitztorwart" konnte er zeigen, was er drauf hatte. Durch das ständige Abstützen mit Stöcken baute er enorme Kraft in Oberkörper und Armen auf und konnte es in Kämpfen mit jedem Gleichaltrigen aufnehmen.

Wenn im Winter die Temperaturen anstiegen und das Eis immer dünner wurde, kam die Zeit für's Schollenlaufen. Er sah, wie Mutige immer wieder über die bereits wankende Eisdecke liefen. Die bekam schließlich Risse und zerbrach in unterschiedlich große Stücke. Nun begann das eigentliche Wagnis. Wer schafft es, von Scholle zu Scholle bis ans andere Ufer? Die Ketelsen-Brüder vom Kattreppel waren „führend" in dieser Disziplin. Aber je mehr Läufe über das stückige Eis unternommen wurden, desto gefährlicher wurde die Tour. Sie fand ihr Ende, wenn jemand ins eisige Wasser fiel und für diesen unrühmlichen Abgang zu Hause noch eine Tracht Prügel kassierte.

Volkert erlebte auch wie Mitte der fünfziger Jahre der Westerteich leergepumpt und der schlammige Grund mit Schaufeln von mehreren Männern ausgehoben wurde. Das geschah im Rahmen der Hand- und Spanndienste. Johann Ketelsen sah bei diesen Arbeiten, wie Handgranaten und Pistolen aus dem Schlamm geborgen wurden. Und er sah die Quelle, die den Teich speiste. Durch die Sanierung entstand aus dem modrigen Wasserbecken eine saubere Badestelle, jedenfalls für eine gewisse Zeit, bis die zahlreichen Enten wieder für Trübung sorgten.
Volkert nutzte das saubere Wasser, um darin Schwimmen zu

lernen. Er schaffte es ganz allein mit einer Rückentechnik, die er zuvor in der heimischen Badewanne geübt hatte. Auch andere Anwohner sah man damals in Latschen und freudiger Erwartung auf ein kühlendes Bad durch den Kattreppel auf den Teich zusteuern.

Familie Gercke

Hans Gercke kaufte 1949 das kleine reetgedeckte Haus, das direkt am Dorfteich liegt. Zusammen mit seiner Frau Edith und den Kindern Gisela, Dieter und Hans-Werner bewohnten sie viele Jahre die Reetdachkate.

Gisela Gercke mit Tretroller und zwei Zicklein, ihr Vater im Hintergrund; ca. 1952

Sie besaßen keine Reichtümer, hatten aber ihr Auskommen. Und lebten hier mit einer Aussicht, um die sie heute viele beneiden würden. Hans war zeitweise bei einer Tiefbaufirma beschäftigt und gehörte einer Teerkolonne an. Oft kam er erst spät am Abend heim. Sein Zeug roch nach Asphalt und sein Gesicht zeigte manchmal eine eigentümliche Färbung wie bei einem Sonnenbrand.

Wenn Hans Gercke im Winter nicht im Straßenbau arbeiten konnte und Schlechtwettergeld bezog, ruhte er sich gern zu Hause von der harten Arbeit aus. Diese Zeiten genoß seine Tochter Gisela sehr. Sie fand es so gemütlich daheim, wenn alle da waren und Vater seine Pfeife rauchte. Sein Markenzeichen war seine Schirmmütze, die er fast immer trug.

Ihm verdankt der Dorfteich eine besondere Ausschmückung, eine Beschilderung mit Pforte, die eine Fotografie von 1979 festhielt:

Wie auch die meisten anderen Anwohner des Westerteichs besaßen die Gerckes immer Tiere: Ziegen, Schweine, Kaninchen und Tauben. Die kamen auch auf den Speiseplan. Nicht aber die exotischen Mandarinenten, die nur das Auge erfreuen sollten. Die farbenprächtigen Erpel waren lange Zeit eine Attraktion auf dem Teich. Hans hielt immer Haustiere und kümmerte sich gern um sie. Das Schlachten der Schweine besorgte der Hausschlachter. Viele Familien, die keinen eigenen Garten besaßen, pachteten sich in den Nachkriegsjahren auf Äckern, die am Dorfrand lagen, eine Parzelle, um etwas Gemüse anzubauen. Auch Gerckes besaßen solch ein Stück Pachtland und konnten so ihren Speiseplan mit Selbsterzeugtem bereichern.

In den sechziger Jahren richteten die Gerckes in ihrem Haus einen Mini-Kaufladen mit einem kleinen Warensortiment ein. Es gab Süßigkeiten, Zucker, Mehl, Getränke, Zigaretten. Die Kinder der Umgebung kauften gern bei *Tante Edith* für ein paar Pfennige oder Groschen Lollis, Lakritz oder Bonbons. Die sahen so verführerisch in den Gläsern aus, und die Kleinen konnten sich nur schwer für etwas entscheiden. Aber die Ladenbesitzerin zeigte Geduld für ihre kleinen Kunden und überreichte schließlich in einem Papiertütchen die süßen Sachen und schaute dabei in glückliche Gesichter.

Einmal fuhr bei Regen eine Kundin von einem nahegelegenen Bauernhof im Auto vor. Sie stieg jedoch nicht aus und wartete darauf, dass jemand aus dem Laden zu ihr kommen und sie nach ihrem Wunsch fragen würde. Aber Frau Gercke weigerte sich, zu der Dame hinauszugehen, meinte nur, wenn sie etwas kaufen wolle, soll sie ins Haus kommen wie jeder andere auch. Und so geschah es, dass die vermeintliche Kundin unverrichteter Dinge wieder davonfuhr.

Hans Gercke besaß nie einen Autoführerschein. Für Mobilität

sorgte ein Moped. Damit ist Edith Gercke mit ihren Sprößlingen nach Husum gefahren, wenn diese mal neue Schuhe brauchten. Jahre später entschloss sie sich, den *großen* Führerschein zu erwerben und ein Fahrzeug zu kaufen. Das ermöglichte ihr, eine Anstellung in der Stadt zu finden und noch viele Jahre berufstätig zu sein.

Heute ist sie froh, dass sie die Anstellung fand, denn ihr Mann verstarb früh. Durch ihre zusätzlichen Arbeitsjahre erwarb sie sich eine auskömmliche Rente. Ihr Haus, in dem sie fast sieben Jahrzehnte lebte, hat sie aus Altersgründen 2016 verkauft und ist in eine kleine Wohnung umgezogen.

Das Doppelhaus

An der Südseite des Westerteichs liegt ein langgestrecktes Wohngebäude, das aus zwei Hälften besteht.

Dopppelhaus am Westerdiek, aufgenommen Ende der 60er Jahre

Es ist das älteste Haus am Platz, denn die Verkopplungskarte von 1783 verzeichnet es bereits zu jener Zeit; da war es auch schon als Doppelhaus markiert. Alle anderen Häuser am Dorfteich wurden später erbaut. In einer Ahnendatei werden frühere Bewohner als Inste und Kätner bezeichnet. Inste nannte man damals Landbewohner ohne Grundbesitz. Sie lebten in Mietwohnungen und verdingten sich in der Regel als Tagelöhner. Kätner besaßen eine Kate und etwas Land und standen auf einer höheren sozialen Stufe als die Inste. Die Erträge aus dem Land reichten aber in der Regel nicht zum Überleben, so dass auch sie zusätzliche Arbeit annehmen mussten.

Westliche Haushälfte mit Hühnerleiter und einem Brunnen

Ein Foto des westlichen Hausgiebels, dass wohl um 1900 entstand, zeigt noch die Fachwerkkonstruktion des Gebäudes, die gängige Bauweise der früheren Häuser.

Die Niewinds

bewohnen die westliche Haushälfte. Sie war lange im Besitz der Familie Nissen. Hermann Niewind, ein Nachkomme der Familie und 1947 in dem Haus geboren, erbte es von seiner Mutter. Seine ersten Kindheitsjahre verlebte er mit seiner Familie am Dorfteich. 1953 zogen die Niewinds wegen besserer Verdienstmöglichkeiten ins Ruhrgebiet. Von dem Lohn, den Hermanns Vater dort bekam, konnte man *drei Mal so viel Brot* kaufen wie hier in Ostenfeld. Hermann lernte den Schlosserberuf, war aber die meiste Zeit seines Arbeitslebens Lkw-Fahrer.

Die Familie kehrte 1971 wieder zurück nach Ostenfeld und bewohnt seither das Haus. Hermann kümmert sich nun als Rentner um die Teichenten, füttert sie im Winter und schützt sie, so gut er es vermag, vor Feinden. Die Küken sind regelmäßig Jagdobjekte für die Katzen der Anwohner. Auch Graureiher, die gelegentlich frühmorgens am Teichrand auf Beute lauern, verschlangen schon manches Entenküken. Ihre Hauptspeise sind aber Frösche und Fische. Im Teich kommen Schleie, Karauschen, Karpfen, Goldorfen, Weißfische und Aale vor. Vor allem Kinder versuchen hier öfter ihr Anglerglück.

Einmal, es war wohl in den 1990er Jahren, kam auch ein Kormoran zu Besuch. Nach einem Tauchgang musste er erst sein Gefieder trocknen, ehe er wieder abheben konnte. Das war der geeignete Moment, ihn mit einem Netz zu fangen. Als Hermann ihn daraus befreien wollte, attackierte ihn der Vogel mit seinem scharfen Schnabel und verletzte seine Hand erheblich. Die Szene wurde von einem Anwohner beobachtet und der Naturschutzbehörde gemeldet. Allerdings ohne besondere Folgen für Hermann, denn er wollte den Kormoran weder töten noch verspeisen, ihm lediglich eine Lektion erteilen. An der Treene hat er ihn schließlich wieder ausgesetzt.

Die Niewinds sind besonders mit dem Teich verbunden. Im Sommer sieht man die Familie oft mit Freunden oder Bekannten am Dorfteich oder vor ihrem Haus sitzen. Es ist ein gern angesteuerter Treffpunkt für viele. Die Leute, die sich dort unter freiem Himmel zu einem Plausch versammeln, geben dieser Seite des Dorfteichs eine heitere, fast südländische Note.

Johannes und Margaretha Clausen

bewohnten mit zwei Töchtern die östliche Haushälfte.
Johannes Clausen (1897 – 1984), den man im Dorf auch *Hannes mit de Hoot* nannte, weil er stets einen Hut trug, war groß gewachsen und von schlanker Statur. Er besaß eine kleine Landwirtschaft und ein paar Milchkühe, die in einem Stall gegenüber dem Wohnhaus untergebracht waren. Seine Kühe spannte er auch als Zugtiere vor den Wagen. Erst spät legte er sich einen kleinen Trecker zu. In den Wintermonaten verdiente er mit Wald- und anderen Lohnarbeiten etwas dazu und kam so mit seiner kleinen Familie ganz gut über die Runden. Seine Enkelkinder halfen gelegentlich auf dem Hof mit, etwa beim Einbringen von Heu, denn es gab zur Belohnung Brot mit Butter – eine seltene Köstlichkeit in den kargen Nachkriegsjahren.

Am Westerport

flankieren drei Häuser den westlichen Zugang zum Dorfteich: Das einstige Anwesen von Pe Juels und die beiden kleinen Häuser auf der gegenüberliegenden Straßenseite, die damals von der Familie Neumann und von Friedrich Zölck bewohnt wurden.

Pe Juels

Das Haus gehörte einst der alteingesessenen Bauernfamilie Hansen. Sie hatte den Beinamen Pe Juels. In den fünfziger Jahren lebten hier zeitweise drei Generationen der Familie zusammen: Claus Hansen (1864 – 1962), sein Sohn Hans und dessen Söhne Harro und Herbert.

Hans Hansen besaß neben der Landwirtschaft noch eine Lohndrescherei. Mit seiner Standdreschmaschine und dem großen Buschhacker zog er über die Dörfer. Sohn Harro machte zunächst bei der Amtsverwaltung Ostenfeld eine Ausbildung. Später übernahm er den Lohnbetrieb des Vaters und hatte zudem eine kleine Landwirtschaft. Noch heute steht der große Holzschuppen, einst Unterstand für die Maschinen. Sie passten gerade so hinein. Das Einparken war stets ein schwieriges Unterfangen; es ging um Zentimeter. Der Buschhacker konnte entweder mittels Riemen von einem Trecker oder mit Strom betrieben werden. War keine passende Steckdose vorhanden, erstieg man einen Strommast und zapfte die Leitung an. Zusammen mit dem Unternehmer August Clausen besaß Harro Hansen später auch einen Mähdrescher des schwäbischen Herstellers Dechentreiter, damals der größte und erste seiner Art in ganz Norddeutschland. Er hatte ein klappbares Mähwerk von 4,75 Meter Breite, aber noch kein klimatisiertes Führerhaus, mit dem heutige Modelle ausgestattet sind. Die Arbeit auf diesem Ungetüm, ohne jeglichen Schutz gegen Sonne, Staub und Lärm, war überaus anstrengend.

Harros Großvater lebte als Altenteiler im Hinterhaus. Er wurde siebenundneunzig Jahre alt. Nur wenige Wochen nach dessen Tod 1962 verstarb auch sein Sohn Hans. Bei schönem Wetter saß der Großvater gern an einem Schattenplatz im Garten oder mit anderen alten Männern auf einer improvisierten Bank. Mit Blick auf den Westerteich plauderten sie dort über vergangene

Hochzeit bei Pe Juels 1951. Bräutigam Harro Hansen (3) mit Braut Edith sowie dessen Vater Hans (1) und Großvater Claus (2)

Zeiten und über die Dinge des Lebens. Der Tierarzt und Heimatforscher Karl Sax Feddersen (1900 - 1989) war mit Claus Hansen befreundet und schrieb ihm zum neunzigsten Geburtstag 1954 einen Glückwunschbrief, in dem er auf den Ursprung der Familie, die Herkunft des Namens *Pe Juels* und auf den *Bankverein* einging (mit *Bankverein* meinte er die alten Männer, die man oft auf der Bank am Westerteich sitzen sah):

Mein lieber Pe Juels Opa!

... Deine Erinnerungen reichen gegenüber den anderen noch ein Ende zurück und vor allem der Bankverein mit Onkel Fite und Rathmann alleine kann nichts werden. Man hat ja jetzt schon genug damit, dass man die beiden notdürftig zusammenhält und gelegentlich mal aufeinander putzt!
... Auf dem anliegenden Blatt habe ich 8 nachgewiesene Juels-Generationen verzeichnet. Der erste ist der Urahn Peter Juel selbst.
Sowohl Magnus Voss als auch Otto Thiesen [zwei Heimatforscher – Anmerkung des Autors] ist es nicht gelungen, den alten Peter Juel zu finden. Ich habe ihn entdeckt in dem Schuldregister der Kirche.
Sein Sohn leiht in den ersten Jahren des 30jährigen Krieges ... die Hypothek, würden wir heute sagen. Dieser Sohn wird als Peter Juels Sohn bezeichnet, es sind dessen Nachfahren bis 1775 aufgezählt.
Der alte Pe Juel ist etwa 1570? (schätzungsweise) geboren.
Dein Geschlecht ist also mit den Geschicken des Dorfes verwachsen,
vielleicht wie wenig andere.
400 Jahre eingesessen, so etwa, dann 90 und noch so rüstig, dor kann en lütje op sitten.

wohnte in dem kleinen Haus, das direkt gegenüber dem Pe Juels-Anwesen liegt. Um 1960 lebten dort: Großvater Henning Diercks (1887 - 1965) und seine Frau Anna, ihre Tochter Christine und deren Mann Kurt Neumann, ein Kriegsflüchtling aus Königsberg, außerdem deren Kinder Hans-Jürgen, Helga und Gerhard. Als ein Fernseher ins Haus kam und sich alle davor im kleinen Wohnzimmer versammelten, wurde es recht eng.

Die Großeltern lebten bis zu ihrem Tod im Haus. Der Großvater war „Bankier" und betreute als Kriegsversehrter in seinem Haus eine Nebenstelle der Husumer Sparkasse, gleichzeitig auch die Gemeindekasse.

Die Familie besaß einen großen Gemüsegarten, der ihnen, wie den meisten Teichanwohnern jener Jahre, einen guten Teil der benötigten Lebensmittel lieferte. Kurt Neumann war selbständiger Büromaschinenmechaniker, verkaufte und wartete Büromaschinen, vor allem Buchungsmaschinen für größere Unternehmen der Region. Er besaß damals als einer der Wenigen im Dorf ein Auto, das er für die Ausübung seines Berufes benötigte. Er fuhr gern viertürige französische Modelle. In Viertürern konnte er die großen und schweren Buchungsmaschinen leichter verstauen als in zweitürigen Autos. Der Familienvater war wochentags viel unterwegs. Seine Kinder sahen ihn daher nicht allzu häufig. Die wenigen Momente, in denen er Zuhause war, wollte er seine Ruhe und nicht gestört werden.

Die Existenz der Familie hing an seinem Beruf. Doch die technische Entwicklung wurde rasant und bedrohte manchen Berufsstand. Anfang der Siebziger wurden seine Buchungsmaschinen nach und nach von Computern ersetzt. Kurt Neumann musste sich nach etwas Neuem umsehen und fand schließlich eine Anstellung als Auslieferungsfahrer. Auch andere Ostenfelder mussten sich beruflich umorientieren. Wer ein Auto besaß, war vom Dorf unabhängig. Viele nahmen eine Arbeit in der Stadt an und kauften auch gleich dort ein. Diese Entwicklung bedeutete für manche Geschäfte im Dorf das Ende.

Hans-Jürgen, der älteste Sohn der Familie Neumann, wechselte nach der Grundschule auf die Oberschule nach Husum. Ein krasser Einschnitt für Kinder, denn sie verließen abrupt das vertraute Umfeld, ihre Mitschüler und Freunde. Die täglichen Busfahrten und die hohen schulischen Anforderungen waren für einen 11jährigen schon belastend genug. Hinzu kam der Verlust eines Zugehörigkeitsgefühls. Manche verloren gänzlich den Kontakt zu ihren früheren Spiel- und Schulkameraden. Hans-Jürgen jedoch behielt viele seiner früheren Freunde. Er war viel mit meinem Bruder Siegfried zusammen und oft bei uns Zuhause.

Sein Wissen schien mir unerschöpflich. Immer, wenn ich in einem Kreuzworträtsel nicht weiterkam, konnte er auf Anhieb das fehlende Wort liefern. Auch erklärte er mir Fremdwörter auf einfache und bildhafte Weise, so dass ich sie mir auf Dauer gut merken konnte. Er war für mich ein lebendes Lexikon, prahlte aber nie mit seinem Wissensschatz. Später ließ er sich als Rechtsanwalt in der Nähe von Bielefeld nieder und spezialisierte sich auf Verkehrsrecht. Er verstarb leider schon früh mit sechzig Jahren, genau wie sein Vater.

Sein Bruder Gerhard erinnert sich, dass der Dorfteich 1963 bis auf den Grund gefroren war. Es war der strengste Winter seit

Menschengedenken. Der Frost blieb über drei Monate in ganz West- und Mitteleuropa. An der nordfriesischen Küste musste der Fährverkehr zu den Inseln und Halligen eingestellt werden. Trecker und Autos fuhren nun auf dem gefrorenen Watt zwischen Festland und Inselwelt hin und her. Als es kalendarisch Frühling wurde und auf dem Westerteich noch immer eine dicke Eisdecke lag, mochten die Kinder nicht mehr auf ihr spielen; die Winterfreuden waren ausgereizt.

Friedrich („Fiete") Zülck

soll sich das Häuschen selbst gebaut haben. Er war Zimmermann und Bauunternehmer. Viele Handwerker fanden bei ihm Beschäftigung. Hinterm Haus besaß er auch eine kleine Sägerei. Wenn bei Teichanwohnern mal eine Scheibe zu Bruch ging, waren auch dafür seine Dienste gefragt. Nach seinem Tod 1959 zog das Ehepaar Kickstein in dieses wohl kleinste Haus am Dorfteich.

An der Ohrstedter Straße

Drei Häuser reihen sich östlich des grünen Platzes aneinander. Das mittlere, das sich heute renoviert in strahlender Erscheinung präsentiert, war einst der Kaufmannsladen der Familie Johannsen, links davon steht der Hof von Heinrich Harring und rechts das Haus der Familie Thomsen. Die Fronten dieser Häuser blicken auf den Dorfplatz und schließen ihn in gerader Linie ab.

De Koopmanndeerns

Helene, Elfriede und Adele führten nach dem Tod ihres Vaters das Geschäft noch gut drei Jahrzehnte und gaben es aus Altergründen Anfang der achtziger Jahre auf. Es weiter zu betreiben hätte sich wohl auch nicht mehr gelohnt, nachdem viele ihrer Kunden es vorzogen, in der Stadt einzukaufen. Viele waren inzwischen motorisiert und schätzten ein größeres Warenangebot. Aber kein Stadtladen konnte ihnen das bieten, was das Johannsensche Geschäft ausstrahlte: Atmosphäre, persönliche Bedienung und Vertrautheit. Hier roch es nach frisch gemahlenem Kaffee (die alte handbetriebene Mühle war inzwischen gegen eine elektrische getauscht worden), man traf Nachbarn und Bekannte und tauschte sich mit ihnen aus. Einige Scheiben Wurst und Käse, ein Viertel Butter, vielleicht noch ein Paar Arbeitssocken – auch kleinste Mengen waren käuflich. Manche Kunden brachten ihr Anschreibbuch mit, in dem die Einkäufe eingetragen und am Monatsende bezahlt wurden. Solchen Service gab es in der Stadt natürlich nicht. Auch war man dort ein anonymer Kunde, hier im Laden kannten die Schwestern jeden, der eintrat. Und man hörte Geschichten aus dem Leben der anderen, auch Witze und

Anekdoten, die ein Lächeln oder Lachen verbreiteten. Einer der mit seinen Geschichten stets zu guter Stimmung beitrug war der Lehrer Henrich Hansen, der in der alten Schule wohnte. Er zählte zu jenen Kunden, denen die Verkäuferinnen besondere Aufmerksamkeit schenkten. Dazu gehörten auch Tierarzt Dr. Feddersen, die Lehrerin Erika Zamow und Pastor Kardinal. Sie zählten zu den angesehensten Bewohnern des Dorfes. Wenn sie hier einkauften, war es eine Ehre für die Ladenbesitzerinnen. Und so bemühten sie sich besonders um diese geschätzten Kunden. Das spürten jedoch die anderen Besucher, und man hörte einmal die Drohung: *Wi könt ook to Lunks gahn!*

Henrich Hansen verstand es auch, kleine Kinder für sich einzunehmen. Gelegentlich spendierte er ihnen an heißen Sommertagen ein Eis und machte sie damit glücklich. Eine Eisbox schafften sich die Schwestern erst spät an. Abgepacktes Eis gab es davor nur im Gasthof von Walter Andresen. Als dann Kaufmann Ernst Lunks begann, frisches Eis zu machen, wollten alle nur noch dieses.

Einige Mütter schickten auch gern ihre Kinder zum Einkaufen, wenn sie selbst keine Zeit dazu hatten. Aber die Kleinen gingen gern in den Laden, zumal oft ein Begrüßungsbonbon oder ein Lolli winkte. Die Schwestern waren Kindern sehr zugetan. Elfriede, die Mittlere von ihnen, hat nach Ladenschluss auch gern einem Nachbarjungen aus einem Kinderbuch vorgelesen. Helene beschenkte die Kinder so freigiebig, dass sie für den Verkauf nicht geeignet schien. Sie besorgte den Haushalt und den Garten.

Die Johannsens legten sich bereits früh einen Fernseher zu. Wenn Karnevalsumzüge übertragen wurden, durften Kinder im Wohnzimmer gelegentlich auch mal zuschauen.

De Koopmanndeerns: (von links) Elfriede, Helene und Adele

Anfang der 1970er Jahre erfasste die allgemeine Reisewelle auch die ersten Ostenfelder. Als ich mal wieder zum Einkaufen im Laden der Johannsens war, betrat plötzlich eine hochgewachsene junge Frau in strahlender Laune das Geschäft. Sie war offenbar schon länger nicht mehr dort gewesen. Die Ladenbesitzerinnen freuten sich, sie wiederzusehen und begrüßten sie freundlich. Ich erkannte in ihr meine frühere Mitschülerin Annkatrin aus den ersten Volksschuljahren. Ein hübsches blondes Mädchen, das ich schon damals bewunderte. Sie war die Tochter eines Bauern, dessen Hof nahe am Dorfteich lag. Inzwischen studierte sie und war gerade aus Südtirol von einem Ski-Urlaub in den Dolomiten zurückgekehrt. Sie versprühte eine Brise frischer Bergluft und italienisches Flair im Laden. Mich erkannte sie wohl nicht, und es war mir recht so. Kam ich mir doch als Daheimgebliebener, der noch nie verreist war, neben diesem

Wirbelwind so klein vor. Sie erzählte voller Freude von ihrem traumhaften Urlaub, und alle hörten ihr gebannt zu. Als sie leichtfüssig den Laden wieder verließ, warf sie fröhlich winkend noch ein „Ciao" in den Raum. Ihr lebhafter kurzer Auftritt ist mir bis heute im Gedächtnis geblieben. Sie kam hereingeschneit wie eine Schneeflocke und tanzte im nächsten Moment wieder davon. Ach, wie ich sie beneidete.

Der Harring-Hof

besaß den Hausnamen *Roms*. Er war nacheinander im Besitz verschiedener Familien. Lange Zeit gehörte er den Jürgensens, zuletzt bis 1964 Alma Waeber, einer Tochter dieser Familie. Dann kam er in die Hände von Heinrich Harring aus Rantrum durch Erbschaft seiner Frau Inge. Das Haus beherbergte, wie bereits erwähnt, um 1900 und wohl noch bis in die 1920er Jahre eine Gastwirtschaft, die zusätzlich zur Landwirtschaft betrieben wurde. Noch heute wird der Hof, als einer der letzten im Ort, als bäuerlicher Betrieb geführt.

Das Haus der Familie Thomsen

rechts neben dem einstigen Kaufmannshaus ist bereits auf einem Gemälde zu sehen, das den Dorfteich und die umliegenden Häuser um 1875 festhielt. Es war im Besitz der benachbarten Familie Johannsen, die es für zweitausend Reichsmark seinerzeit dem Gemeindeboten Christian Petersen verkaufte. Neben seinem Botendienst gab er in den Nachkriegsjahren an die Dorfbewohner auch rationierte Kohlen aus, die in dem Schuppen hinter dem Pastorat lagerten, in dem der Leichenwagen stand.

1964 zog Helmut Thomsen mit seiner Frau, der Enkelin von Christian Petersen, in das Haus. 1971 hat er das Gebäude bis auf die Fassade abgerissen und eines neues aufgebaut. Er ist gelernter Maurer und verwandelte das Haus der Johannsens in langwieriger Arbeit in seinen heutigen prachtvollen Zustand.

Familie Feierabend

Etwas abgeschieden von den übrigen Anwohnern lag das kleine Haus, in dem Erika Feierabend (1919 - 2006) mit ihrer Mutter und ihren zwei

Kindern lebte. Sie war alleinstehend und hatte gewiß kein leichtes Leben. Ich mochte sie sehr, denn sie war bescheiden, stets freundlich und ihren Mitmenschen zugewandt. Sie half

bei Bauern in der Erntezeit und im Pastorenhaushalt, war sich für keine Arbeit zu schade. Fünfundzwanzig Jahre putzte sie zudem im Osterkrug und unterstützte das Wirtsehepaar Jensen in der Küche. Im Alter von zweiundsiebzig haben die Jensens sich von ihr verabschiedet aus Sorge, dass sie irgendwann während der Arbeit umfallen könnte. Ihre Arbeitgeber haben sie sehr geschätzt, nicht nur wegen ihrer Verlässlichkeit und Bereitschaft, jederzeit zu helfen, wenn man sie darum bat. Ich sah sie jedes Jahr beim Nachbarn im Garten. Sie hat dort die Johannisbeeren gepflückt. Für jede Gabe Obst oder Gemüse,

Erika Feierabend

die andere übrig hatten oder sich die Mühe der Ernte und der Verarbeitung nicht mehr machen wollten, war sie dankbar. Sie gab ihren Kindern in jeder Hinsicht ein gutes Vorbild.

Ihre Tochter Edeltraut erinnert sich gern an ihre Kindheit, in der der Westerteich eine wichtige Rolle für sie spielte. Von ihrem Zuhause durch den Kattreppel waren es vielleicht gerade mal hundert Meter zu ihm. Auf der grünen Wiese spielte sie oft mit den Jungs Fußball. Schnell waren die Tore mit Steinen oder Stöcken abgesteckt und Mannschaften für beide Seiten bestimmt. Jeder durfte mitspielen, ob klein oder groß, und auch Mädchen waren willkommen, denn es mangelte oft an einer ausreichenden Teilnehmerzahl. Statt einer Elf brachten sie meistens nur eine Minimannschaft auf den Platz. Aber ihre Spielfreude beeinträchtigte das keineswegs.

Von anderen Leuten und Ereignissen

Auch die, die nicht direkt am Westerteich wohnten, aber eine Beziehung zu ihm hatten, sollen Erwähnung finden: Die Schausteller, die mit ihren Fahrgeschäften auf den grünen Platz kamen; *Hannes Is,* der sich um die Eisfächer in der alten Schule kümmerte; Robert, der Busfahrer; die Jungen und Mädchen, die im Winter auf dem gefrorenen Teich spielten und andere Besucher, die es aus unterschiedlichen Gründen hierher zog.

Hannes Is und die Gefriergemeinschaft

Johannes Hansen (1919 – 1993) besaß einen Hof an der Ohrstedter Straße und betrieb eine mittelgroße Landwirtschaft. Er stammte aus Wittbek und war verheiratet mit Elisabeth, geborene Claußen, aus Ostenfeld. Den Umgangsnamen *Hannes Is* erhielt er durch ein Amt, das er übernahm. Ende der 50er Jahre hielt eine Neuheit aus Amerika in unsere Dörfer Einzug. In geeigneten Räumlichkeiten wurden große Schrankwände mit Gefrierboxen installiert, die man mieten konnte. In einem früheren Klassenraum der alten Schule, die als Unterrichtsgebäude mittlerweile ausgedient hatte, sah man nun eine Vielzahl rostroter Eisfächer. Sie mussten betreut, unterhalten und abgerechnet werden. Johannes Hansen übernahm diese Aufgabe, wurde Vorsitzender der Gefriergemeinschaft und von da an von vielen nur noch *Hannes Is* genannt. Schnell fand die neue Einrichtung Zuspruch bei den Dorfbewohnern, denn es war wesentlich bequemer Fleischvorräte und andere Lebensmittel einfach einzufrieren, anstatt sie aufwendig durch Einwecken, Pökeln und Räuchern zu konservieren. Außerdem winkte den Mitgliedern der Gemeinschaft ein jährlicher Tanzball (*Isball*). Aber bald hielten Kühlschränke und -truhen Einzug in die Haushalte. Die Kühlboxen waren nicht mehr gefragt und wurden nach einigen Jahren wieder abgeschafft.

Fern und doch so nah

Für Ingrid, die Tochter von Johannes und Elisabeth Hansen, besaß der Westerteich große Anziehungskraft, obwohl die Familie nicht direkt an dem Gewässer wohnte. Sie wurde 1951 geboren und spielte in ihrer Kindheit viel am Dorfteich. Von dem Hof ihrer Eltern, der am nördlichen Ortsende gegenüber dem Stuckschen Anwesen lag, hatte sie nur einen kurzen Weg zu ihm. Dort traf sie meistens auf andere Kinder, mit denen sie spielte. Hier fand sie ihre kleine abgeschlossene Welt, die ihr riesengroß erschien.

Zum Baden lud der Teich nicht ein. Er führte kein sauberes Wasser und hatte einen morastigen Grund. Aber man konnte an heißen Sommertagen an der Kante sitzend die Füße hineinhalten. Das kühlte so schön. Gelegentlich hefteten sich Blutegel an die Beine der Kinder. Das war zwar eklig, aber keine große Sache. Die Tierchen wurden entfernt, wieder ins Wasser geworfen, und weiter ging es mit Füße baden oder Spielen.

Der Teich und die grüne Wiese boten viel Raum für die kindliche Phantasie. Schnell war etwas improvisiert, das allen Spaß machte. Oft wurde Völkerball gewählt. Auch Liebesball spielten vor allem die Mädchen gern. Eine Spielerin musste einen Ball in die Höhe werfen, kurz zuvor wurde ihr der Name eines Jungen zugerufen. Warf sie den Ball hoch bedeutete es

Spielpause im elterlichen Garten.
Von rechts nach links: Annkatrin Petersen, Ingrid Hansen, Ingrid
Ketelsen, Christel Niewind (?); oben Brigitte Niewind.

„bin (in ihn) verliebt", mittelhoch hieß „ein guter Freund" und
flach „mag ich überhaupt nicht". Welche Höhe der Ball
erreichte, war von den Mitspielern natürlich auch auslegbar.
Die Ballwerferin gab für alle sichtbar ihre Gefühle preis. Das
war den Werferinnen natürlich höchst peinlich, aber so waren
die Regeln. Man konnte sich nicht verstecken, aber schummeln
war ja möglich.

Auf der Teichwiese erschienen an Wochenenden oft Fahrgeschäfte und bauten ihre Stände auf. Als Ingrid vierzehn oder fünfzehn war gab es dort einmal einen richtigen Jahrmarkt mit mehreren Buden und einem Autoscooter. Diese für ein Dorf seltene Attraktion zog Kinder und Jugendliche sogar aus den Nachbardörfern an. Für die großen Mädchen eine Gelegenheit, ihre Flirttalente auszuprobieren, für die jüngeren willkommener Anschauungsunterricht für das eigene Repertoire. Den mithelfenden Jungen der Schaustellerfamilien umwehte Flair einer anderen traumhaft erscheinenden Welt. In ihrer Art und in ihrem Auftreten waren sie so ganz anders als die Dorfjungen. Gerade das machte sie so interessant und anziehend für die Mädchen.

Ingrid besaß noch eine jüngere Schwester. Heinke war es nicht vergönnt, das Kinderparadies am Dorfteich kennenzulernen. Sie erlebte nicht einmal ihren zweiten Geburtstag. An einem Spätsommernachmittag verunglückte sie unter tragischen Umständen tödlich an der Laderampe der Meierei. An dieser furchtbaren Tragödie, die sich im September 1954 ereignete, trugen die Eltern unendlich schwer. Sie erschütterte die Ostenfelder und alle, die davon erfuhren. Der Unfalltod der Kleinen legte sich wie ein tiefdunkler Schatten über das Dorf und vertrieb jäh die noch anhaltende Hochstimmung des Sommers, als die deutsche Fußballnationalelf die Weltmeisterschaft gewann.

Ingrid zog aus beruflichen Gründen nach Hamburg, wo sie seit 1970 lebt. Mit dem Dorf Ostenfeld ist sie immer noch verbunden. Hier war und ist ihre Heimat. Oft tauchen in ihrer Erinnerung wieder Bilder aus ihrer Kindheit am Dorfteich auf. Sie sieht sich mit anderen Kindern spielen, sieht die Bank an seinem westlichen Ende, auf der Lise Ketelsen mit Nachbarn oft klönend die lauen Sommerabende verbrachte. Deren Blick war auf den Teich gerichtet, der die untergehende Sonne spiegelte, und auf dem die Enten ihre Bahnen zogen. Auf der Bank sitzend überblickte man den ganzen Dorfplatz, sah jeden kommen und gehen, auch die, die nach Ladenschluss bei den Johannsen-Schwestern den Hintereingang benutzten, um noch etwas einzukaufen. Auch das reetgedeckte Haus der Gerckes hat Ingrid vor Augen. Es liegt ganz nah am Wasser, und vom Küchenfenster aus genießt man „Seeblick".

Es sind auch die vertrauten Gewässer, die das Bewusstsein einer verlorenen Heimat in Ingrid wecken. Neben dem Westerteich ist da noch Stins Heid, der einstige Badeteich ihrer Kindheit, und der Fluss, der östlich an Ostenfeld vorbeizieht und ihre kleine Welt nach außen umgrenzte. Immer, wenn sie heute von der großen Stadt in Richtung Ostenfeld fährt und die Brücke über der Treene bei Hollingstedt überquert, macht sie Halt und begrüßt den Fluss auf sehr persönliche Weise. Auch mit ihm und seinem Lauf ist sie von klein an verbunden; er bedeutet ihr viel. Die Hollingstedter Brücke ist für sie die Pforte in eine schöne, aber vergangene Zeit. Oft war sie mit ihrem Vater zum Heumachen in den Treenewiesen. Sie wäre dann zu gerne zum Fluß gegangen, aber ihr Vater erlaubte es nicht und warnte: *Du geihst nich alleen na de Treen!* Wenn sie heute über die Treene fährt, empfindet sie es so, als sei sie wieder angekommen: Sie ist zu Hause und alle sind noch da. Aber zugleich weiß sie auch, dass die Menschen, die sie geliebt hat, aus ihrer Welt für immer entschwunden sind.

Respektspersonen

Manche Kinder wurden nervös, wenn sie den Pastor oder einen Lehrer von fern auf sich zukommen sahen. Denn vor denen hatten sie großen Respekt. Leider tauchten diese Personen oft am Dorfteich auf, da sie auch dort wohnten. Für die Mädchen hätte eine Begegnung bedeutet, einen *Knicks* machen zu müssen. Aber nicht jedes Mädchen beherrschte das Einknicken formvollendet. *Wir schlugen schnell einen anderen Weg ein, wenn wir sie sahen,* erinnert sich Frauke, die älteste der vier Ketelsen-Töchter. Sie wollten sich die Begegnung und die spezielle Begrüßungszeremonie ersparen.

Die Jungfernfahrt

Mein Bruder Siegfried nahm schon als Kind alles auseinander, was ihm in die Hände kam. Er wollte sehen, was dahinter steckte, wie etwas funktionierte. Aber er baute auch Dinge zusammen oder schuf technische Geräte, die mich stauen ließen. Eine Zeit lang faszinierten ihn besonders Schiffe. So baute er Modelle von einem Segelschiff und einen ferngesteuerten Hafenschlepper, später noch ein ausgewachsenes Kanu von wohl vier Metern Länge.

Als Dreizehnjähriger werkelte er 1962 lange an einem historischen Segelboot, einem Nachbau des Schulschiffes *Gorck Fock* von etwa sechzig Zentimetern Länge. Er besaß einen genauen Plan und konnte danach das Schiff maßstabsgerecht und originalgetreu nachbauen. Als es schließlich vollendet war, brachte er es zum Westerteich, um seine Wassertauglichkeit zu testen. Dem Ereignis wohnten zahlreiche Zuschauer bei, die sich gerade am Teich aufhielten oder dort wohnten. An die Uferkante vorsichtig ausgesetzt blies sogleich leichter Wind die Segel auf und zog das Schiff aufrecht in gerader Fahrt in Richtung Teichmitte. Alles sah gut aus. Der Erbauer war zufrieden, aber doch etwas unsicher, ob sein Boot stabil auf dem Wasser bleiben würde. Dann plötzlich kam sie – eine Boe von der falschen Seite. Ohne Besatzung und Fernsteuerung konnte der Segler nicht gegensteuern, bekam Schlagseite, legte sich platt aufs Wasser und ging langsam unter. Vom Teichrand aus war keine Hilfe möglich, auch keine Bergung. Was hätte mein Bruder tun können? In den stinkenden morastigen Teich steigen und zu seinem Schiff tauchen? Nein, das wollte er nicht. Und so blieb ihm nur, der

Mein Bruder Siegfried mit Schiffsmodell und Sender

Tragödie zuzuschauen und das Schiff aufzugeben. Jahre später kam jemand an unsere Haustür, fragte nach meinem Bruder, und übergab ihm freudig dessen untergegangenes Segelschiff. Es war kaum wiederzuerkennen. Teichmodder, Wurmfraß und Pflanzenwurzeln hatten dem Modell stark zugesetzt. Vom einst strahlend weißen Lack waren nur bröckelige, vergilbte Reste erkennbar. Nichts deutete mehr auf die einstige Pracht des Seglers.

Es war die Dorffeuerwehr, die Jahre später nach Abpumpen des Westerteichs das Wrack fand. Viele erinnerten sich noch an den traurigen Untergang und wussten, wem das Schiff gehörte. Es hätte auch auf dem Grund des Gewässers liegenbleiben können, denn das ist nun mal das Schicksal vieler Schiffe und macht sie zur Legende. Es zu bergen bedeutet, auch die traurige Erinnerung an den Untergang zurückzuholen.

Der Störsender

Mein Bruder baute nicht nur Schiffsmodelle; seine größere Begabung und Begeisterung lag auf dem Gebiet der Elektrotechnik und Elektronik. Er war vielleicht dreizehn oder vierzehn, besuchte die Volksschule in Ostenfeld, da besaß er bereits ein ganzes Arsenal an elektronischen Bauelementen, die er entweder aus ausgedehnten Radios ausgebaut oder bei Versandunternehmen bestellt hatte. Wir beide teilten uns einen Schreibtisch mit grüner Resopalplatte, den er aber überwiegend als Werkbank in Beschlag nahm. Sein Werkzeugbestand war überschaubar: Kombizange, Stromprüfer, Schraubendreher, Meßgerät, Lötkolben und ein Kopfhörer. Mittels dieser Grundausstattung entstanden in oft stundenlanger Feinarbeit erstaunliche Werke: Ein einfaches aus Kondensator, Kupferdrahtspule, Diode und Antenne zusammengelötetes Radio, Detektor genannt, dessen Sendungen über Kopfhörer empfangbar waren. Dann baute er UKW-Sender, elektronische Fernsteuerungen und andere kleine Wunderdinge, mit denen man allerlei Versuche anstellen konnte. Es machte ihm und seinen Freunden Spaß, diese Apparate auch für Zwecke einzusetzen, die nicht ganz legal waren, um es milde auszudrücken. In den 1960er und 70er Jahren gab es sogenannte Piratensender, die von Schiffen, auf internationalen Gewässern ankernd, angesagte Musik in den Äther schickten und begeisterte Fans in ganz Europa besaßen. Für meinen

Bruder ein gewisses Vorbild, um mit eigenem UKW-Sender Ostenfeld und Umgebung mit Musik vom Plattenspieler zu beglücken. Die Reichweite des Senders betrug nur wenige Kilometer und seine Musiksendungen strahlte mein Bruder nur einige Nachmittage aus. Rückmeldungen von Fans gab es keine. Aber eines Tages, der Sender war gerade wieder „on air", sahen wir vom Zimmerfenster aus, wie ein merkwürdig aussehendes gelbes Postfahrzeug mit rotierender Peilantenne auf dem Dach langsam durch unsere Straße fuhr. Mein Bruder erkannte sofort die Brisanz dieser Erscheinung und trennte blitzschnell alle Geräte vom Stromnetz. Ebenso hastig packte er alles zusammen und versteckte es in der Dachabseite unseres Zimmers. Nie wieder sah ich seinen Piratensender in Aktion.

Mit einem anderen selbstgebauten Sender hatten wir aber noch mal Spaß. Es wird der Silvesterabend 1966 oder 1967 gewesen sein. Mein Bruder samt Gefolge (ich war auch dabei) flanierten unverdächtig um den Westerteich herum. Viele Jugendliche waren an diesem Abend unterwegs, so dass wir nicht weiter auffielen. An den bläulich flackernden Lichtern in den Fenstern erkannten wir, dass in den Wohnzimmern der umliegenden Häuser gerade der Fernseher lief. An Silvesterabenden gab es in jener Zeit oft Aufführungen des Ohnsorg-Theaters auf dem Bildschirm zu sehen. Wenn wir an Fenstern vorbeikamen, die einen eingeschalteten Fernseher verrieten, schaltete mein Bruder seinen UKW-Sender, den er unter seiner Jacke versteckt hielt, ein. Sogleich sahen wir unruhige Lichtmuster auf den Fensterscheiben tanzen und wussten, der Sender tat seine Wirkung und zerbröselte nicht nur das Fernsehbild, sondern auch den Ton. Das hatten vorherige Tests am heimischen Gerät gezeigt. Wir jubelten still und warteten darauf, was passierte. Wir ahnten, dass nun am Fernseher alle Regler gedreht wurden, um die Störung zu beseitigen. Dann schaltete mein Bruder seinen Sender wieder aus, und das Wohnzimmerfenster zeigte an, das jetzt der Fernseher vollends verstellt war. Diese Aktion wiederholten wir bei weiteren Häusern bis uns der Boden zu heiß wurde. Schließlich war das, was wir da taten, illegal. Aber es war Silvesterabend, die Zeit für ausgefallene Späße.

Im neuen Jahr kam Hannes Krieger, ein Anwohner des Dorfteiches, zu uns ins Haus und sagte: *Siegfried, min Fernseher geiht nich. Hest du din Ding wedder an hat?*

Einer der Mitwisser musste geplaudert haben, wie sonst hätte Hannes den geheimen Sender erwähnen können. Und wenn er davon wusste, dann hatte sich die Aktion mit dem Störsender bestimmt am ganzen Dorfteich herumgesprochen. Jedenfalls verneinte mein Bruder die Frage nachdrücklich und kümmerte sich anschließend um den Fernseher der Familie Krieger. Denn mein Bruder war im Dorf dafür bekannt, dass er kaputte Radios, Fernseher und manche anderen technischen Geräte reparieren konnte. Es gab in jener Zeit in Ostenfeld kein Geschäft, das sich solcher Problemfälle annahm. Meinem Bruder verhalf sein Talent zu einer willkommenen Einnahmequelle. Aber die Zeit, die er für Fehlersuche und Reparatur benötigte, sahen seine Kunden nicht. Die meisten zahlten gern den geringen Betrag, den er verlangte und freuten sich über die wieder funktionierenden Geräte.

Die Abschussrampe

Eine Zeit lang umgab den Westerteich ein hoher Zaun. An einer Stelle an der nördlichen Seite war daran eine eiserne Rohrstange befestigt. Sie wurde an Silvester zur Abschussrampe für Böller. Die Jungs zündeten einen *Knaller*, steckten ihn ins Rohr und gingen einen Schritt zur Seite in Deckung. Da das untere Ende der Eisenstange geschlossen war, schoss der explodierende Böller mit Karacho oben in hohem Bogen heraus. Man konnte die Stange auch ausrichten, so dass ein Zielobjekt anvisierbar war. Gern wurden die Geschosse auf das Pastorat gelenkt. Nur die stärksten Böller vermochten die große Distanz annähernd zu überwinden. Aber jede *Rakete*, die es wenigstens über den Teich schaffte, wurde bejubelt.

Robert und die Buslinie

Wenn Anwohner des Westerteiches damals zum Wochenmarkt, zur Arbeit oder zur Schule nach Husum fahren wollten, stiegen sie bei der Gastwirtschaft Andresen in den gelben Postbus und ließen sich von Robert zum Ziel bringen. Der Bus verband die Dorfbewohner mit der Außenwelt. Robert Stuhr (1896 – 1976) war unser langjähriger Busfahrer, der über fünfunddreißig Jahre die Strecke von Dörpstedt über Ostenfeld nach Husum bediente. Vor dem Krieg war Dörpstedt ein wichtiger Verkehrsknotenpunkt, daher startete die Linie noch von dort. Später wurde Hollingstedt die Ausgangsstation.

Robert stammte aus Kiel und wurde schon 1925 von der Deutschen Reichspost als Fahrer für diese Strecke beauftragt. Als Kollege an seiner Seite fuhr immer ein Schaffner mit.

Die Linie wurde von der Post unterhalten; die gelben Busse firmierten unter dem Namen *Kraftpost*. Links neben der Einstiegstür befand sich ein Briefkastenschlitz. Wer es eilig mit seiner Post hatte, steckte sie dort ein. Die war dann schneller unterwegs, da sie direkt zum Husumer Postamt weitergegeben wurde.

Das staatliche Großunternehmen Deutsche Reichspost begann 1905 mit dem Aufbau eines motorisierten Omnibusverkehrs in

Der erste Postbus, der Robert (links) und seinem Schaffnerkollegen 1925 anvertraut wurde. Das Modell besaß 24 Sitzplätze, Luftbereifung und elektrische Scheinwerfer.

ganz Deutschland – die Zeit der Pferdepostkutschen war längst vorbei. Überall, wo die Eisenbahn nicht verkehrte, sorgten die Busse für die Beförderung von Personen, Post und Paketen. Bald wurde die Deutsche Reichspost nach der Deutschen Reichsbahn mit über sechstausend Bussen zweitgrößtes Verkehrsunternehmen in Deutschland. 1934, unter dem Nazi-Regime, ließ das Unternehmen als Zugeständnis an die neue Staatsführung seine Busse, Briefkästen und Telefonzellen rot lackieren. Nach dem Krieg wurde alles wieder gelb.

Vor dem Krieg gab es hier noch keine Teerstraße. Im Dorf war die Hauptstraße mit Granitpflaster belegt, außerhalb fuhr man auf Schotterpisten mit unzähligen Schlaglöchern. Die Busse hatten nur einfachste Federungen. Man kann sich vorstellen, wie unkomfortabel die Fahrgäste reisten. Ein Fortschritt war in dieser Hinsicht die Luftbereifung, mit der der Bus der Ostenfeld-Linie ab 1925 fuhr; davor waren die Reifen aus Vollgummi. Anfang der fünfziger Jahre wurde in Ostenfeld und von hier bis Wittbek eine Teerstraße gebaut.

Hans-Peter Petereit, dessen Eltern an der Hauptstraße eine Gärtnerei betrieben, fuhr einige Jahre später, zusammen mit Hans-Jürgen Neumann, regelmäßig mit dem Bus nach Husum angedockt, weil dann mit zusätzlichen Fahrgästen zu rechnen war. In diesem Anhänger hielten sich gern die jugendlichen Rabauken auf.

Robert kurz vor seiner Pensionierung

Wenn der Schaffner streckenweise hinten mitfuhr, mussten sie sich zurückhalten. Das senkte die Stimmung und gefiel ihnen nicht. Aber auch der Schaffner wird seinen Dienst lieber vorne im Bus versehen haben, als junge Wilde unter Kontrolle zu halten.

Robert ist für eine Pause immer in Thietjes Gasthof eingekehrt. Dort saß er stets auf dem selben Platz und bekam seine Tasse Kaffee. Er pflegte seinen Bus, als wäre es sein eigener, und achtete streng auf das Platzvorrecht für ältere Fahrgäste. Er scheuchte die jüngeren von ihren Sitzen hoch, wenn sie diese Regel ignorierten. 1961 beendete er seinen Dienst und wurde Pensionär. Er fuhr dann noch gelegentlich für ein privates Busunternehmen.

Marianne

Dohrn Laffrenzen, Jahrgang 1949, wohnte zwar im östlichen Dorfteil an der Sandkuhle, aber auch ihn verband viel mit dem Westerteich, darunter eine Tragödie:

Dohrns damals 16jährige Schwester Marianne verunglückte an einem Vormittag im Winter 1961 im Schwarzen Weg hinter dem Pastorat. Sie war mit dem Fahrrad auf dem Weg zur Mühlenbäckerei, um Brot zu holen. Auf dem gefrorenen, glatten Weg stürzte sie, wobei die Lenkstange ihre Hauptschlagader im Oberschenkel aufriß. Pastor Fritz Kardinal rief den Arzt zur Verunglückten, der sie ins Krankenhaus bringen ließ. Aber ihr Blutverlust war so groß, dass Marianne nach einer Woche verstarb.

Am Unfalltag saß ich in der vierten Klasse der Ostenfelder Volksschule, als es an der Tür klopfte. Meine Mitschülerin Christel Laffrenzen und der Lehrer wurden hinausgebeten. Die ernsten Gesichter der Hinausgehenden ließen sehr schlechte Nachrichten erahnen. Schließlich kam Christel weinend in die Klasse zurück, nahm ihren Ranzen und verließ mit hängendem Kopf den Raum. Vom Lehrer erfuhren wir dann, dass Christels Schwester Marianne mit ihrem Fahrrad schwer verunglückt sei. Alle kannten wir Marianne.

Aber mehr noch als die Unglücksnachricht, die wir in ihrer Tragweite nicht wirklich erfassen konnten, erschütterte uns die untröstlich weinende Klassenkameradin. Ihre Tränen und ihre Verzweiflung berührten uns alle zutiefst. Dieses traurige Ereignis brannte sich in meine Kinderseele, die bis dahin solches Leid noch nicht bewältigen musste.

Eishockeyspiele

Dohrn erinnert sich noch an Eishockeyspiele auf dem Westerteich in den sechziger Jahren. Die Schläger für das Spiel wurden überwiegend aus starken Haselnußästen gefertigt, die Schlittschuhe waren durchgängig Modelle zum Anschrauben, als Puk diente oft eine verbeulte Blechdose. Mehrfach wurden Spiele zwischen Ost und West ausgetragen. Ost stand für den Bereich östlich der Sandkuhle und West für die andere Seite. Im Osten lebten mehr Ostenfelder. Daher gab es dort ein größeres Spielerpotential. Das war lange Zeit ein merklicher Vorteil. Bis im Westen zwei große Siedlungen entstanden und daraus Verstärkung nachrückte, so dass das Reservoir an Talenten auf beiden Seiten ausgeglichener wurde.

Eishockey spielten nahezu ausschließlich die Jungen. Nur manchmal zeigten auch Mädchen an dem harten Sport Interesse. Es gab mehrere Teiche, die sich für das Spiel eigneten: Der Westerteich, die Sandkuhle, Stins Heid; auch die Notkuhle bei Kaufmann Tiedemann wurde bespielt. Die

Fischteiche in der Nähe von Osterwittbekfeld boten die größten Eisflächen. Da sie jedoch weiter entfernt lagen, unternahmen Ostenfelder Jungen nur gelegentlich Ausflüge dorthin.

Der Westerteich im Westen und die Sandkuhle im Ostteil des Dorfes waren die bevorzugten Spielplätze. Es gab keinen Schiedsrichter, kein richtiges Tor und eine Spielfläche, die kein rechteckiges Format besaß.

Oft lag noch eine dicke Schneedecke auf dem Eis, die erst noch geräumt werden musste. Gespielt wurde mit großer Leiden-

Schlittschuhläufer auf der Notkuhle im Nachkriegswinter

schaft. Es gab viele Stürze, gebrochene Schläger und Prellungen. Irgendwann brachten einige Jungs gekaufte Schläger und richtige Puks mit. Aber das Spiel wurde damit nicht eleganter. Die bunt lackierten Schläger gingen beim harten Aufeinandertreffen mit den klobigen Knüppeln oftmals zu Bruch. Die solide Qualität der selbstgemachten Schläger erwies sich als haltbarer; einige überdauerten sogar mehrere Winter.

Später Lohn

Um sich mal etwas zum Naschen, Comic-Hefte, einen Fußball oder irgendeinen anderen Wunsch erfüllen zu können, bedurfte es gewisser Einkünfte, denn Taschengeld gab es damals nicht von den Eltern.

Bei den Bauern konnten Kinder und Jugendliche sich bei der Ernte von Kartoffeln oder beim Unkrauthacken auf den Rübenfeldern etwas Taschengeld verdienen. Ein Großbauer in zweiter Reihe hinter dem Westerteich bot Jungen 1962 an, gegen Lohn beim Auflesen von Mohrrüben zu helfen. Dohrn Laffrenzen, Burghard Klaffke und mein Bruder scheuerten sich bei dieser Arbeit die Finger wund und rissen sich die Nägel auf. Als sie anderntags bei dem Bauern vorstellig wurden, um sich für ihren Einsatz bezahlen zu lassen, hieß es, der Hausherr sei nicht da. Auch beim nächsten Anklopfen bekamen sie die gleiche Auskunft. Abermals machten sie sich auf den Weg zu dem stattlichen Anwesen. Und wieder wurden sie damit vertröstet, der Bauer sei nicht im Haus. Zuvor hatten sie jedoch seine Ankunft beobachtet. Wütend zertrümmerte Burghard daraufhin mit einem gezielten Steinwurf eine Fensterscheibe. Diese Aktion führte zum Erfolg; die Jungen erhielten endlich ihren verdienten Lohn.

Das Kinderparadies

Am Westerteich kamen damals viele zusammen: Anwohner und Leute, die hier lebten, hier arbeiteten oder ein Geschäft führten. Aber die Kinder zog es hierher, nur um Spaß zu haben. Der Platz und das Gewässer boten ihnen dafür Gelegenheiten genug. Sie konnten hier allein oder zusammen mit anderen Kindern spielen. Am Wasser, auf dem grünen Platz oder irgendwo in den Gärten, in den Häusern oder auf den Höfen. Der Kattreppel bot ihnen noch ein zusätzliches Revier. Ein paar Stöcke und ein Ball genügten, um ein Fußballspiel zu starten. Für Versteckspiele benötigten die Kinder gar keine Zutaten. Überhaupt wurde viel improvisiert. Wenn großen Mengen Buschwerk für den Buschhacker auf dem grünen Platz lagerten, konnten sie mit den Zweigen etwas bauen, sich dort verstecken oder sich irgendein anderes passendes Spiel ausdenken. Es gab dort auch oft etwas zu bestaunen oder zu erleben.

Auch Kinder aus anderen Vierteln suchten gern den Platz auf, weil er mehr zu bieten hatte als die eigene Straße. Beim Kaufmann, bei der Stellmacherei und bei der Schule waren immer Leute anzutreffen. Die Tiere auf den Höfen zogen sie ebenfalls an, besonders die Pferde. Hans-Peter Petereit befreundete sich mit *Max*, dem Melkpferd, das dem Bauern Hans-Andreas Hansen gehörte. Seitdem ließen Pferde ihn nicht mehr los. Heute besitzt er selbst mehrere dieser Tiere. Er besuchte oft seinen Freund *Max*, bis ein Trecker ihn ersetzte. Nun widmete er sich dieser Maschine und durfte eines Tages den *Ferguson* auch selbst einmal fahren. Dessen Kupplung trat man nach unten, so dass sie auch für kurze Kinderbeine erreichbar war.

Die Attraktion waren natürlich Schausteller, die oft für ein paar Tage auf den Platz kamen. Marianne Hamkens erhielt als Zehnjährige von ihrer Tante eine Dauerkarte und konnte so lange und sooft mit dem Karussell fahren wie sie mochte – ohne bezahlen zu müssen. Sie saß auf bunt bemalten hölzernen Tieren, die sich während der Fahrt drehen ließen und so das Vergnügen noch steigerten. Gab es zudem Süßigkeiten zu kaufen, war eine Zuckerstange für sie die köstlichste Zugabe.

Hans-Andreas Hansen, der unweit vom Westerteich wohnte, erinnert sich, wie in einem Nachkriegsjahr eines Tages ein von einem Pferd gezogener Karussellwagen am Dorfteich Station machte. Sofort waren Kinder zur Stelle. Es gab ja was zu sehen und zu erleben. Die größeren Jungen halfen beim Aufbau des Karussells, das von Hand in Bewegung gesetzt werden musste. Der Betreiber versprach denjenigen, die es drehten, Freikarten. Die Karussellfahrt blieb für Hans-Andreas unvergesslich. In seinem an Ketten hängenden Sitz flog er geradezu durch die Luft. Nach dieser Fahrt ging es ihm richtig schlecht. Später sah er auch Schiffsschaukeln auf dem Platz und größere, motorbetriebene Karussells, deren Fahrten von Glocken, flackernden Lichtern und Musik begleitet wurden. Die Schausteller erschienen wie Besucher aus einer anderen faszinierenden Welt. Sie brachten Schießbuden, Puppen- und Marionettentheater, Autoscooter und sogar einmal ein Riesenrad mit. Im Sommer 1954 konnten viele Ostenfelder die Fußballweltmeisterschaft per Radioübertragung auf dem grünen Platz verfolgen. Ein Karussellbetreiber hatte große Lautsprecher aufgestellt, um das Dorf an dem Ereignis teilhaben zu lassen.

Regelmäßig tourten auch kleine Zirkusse durch die Lande und machten hier Halt. Wenn sie auftauchten zogen sie die Kinder

der Umgebung wie magisch an. Die Kinder der Zirkusfamilien mussten hier auch die Schule besuchen. Ihre Erscheinung und ihr Auftreten waren ungewöhnlich. In den Pausen umstanden wir die so fremd Wirkenden, fragten, wie sie lebten, wo sie schon überall waren und wo sie herkamen. Ihr selbstbewusstes Auftreten imponierte uns. Sie waren sonnengebräunt, ungewöhnlich gekleidet und hatten lässige Frisuren. Wenn sie uns von ihrem Zirkusleben erzählten, genossen sie ihre Rolle sichtlich, waren wir Dorfkinder doch ihr staunendes, dankbares Publikum. Unser Alltag stand in so krassem Gegensatz zu ihrem abwechslungsreichen Leben, dass wir es kaum fassen konnten. Wenn sie uns dann noch elegant ihre akrobatischen Kunststücke vorführten, waren wir vollends sprachlos. Als sie schließlich weiterzogen und uns in unserer kleinen Dorfwelt zurückließen, empfanden wohl manche von uns Wehmut. Aber wir wussten, dass wir hierher und sie in ihre Welt gehörten.

Die Schausteller und Zirkusse kamen nur gelegentlich. Der Teich jedoch war immer da und bot wunderbare Spielmöglichkeiten. Im Sommer konnte man baden, angeln, Kaulquappen fangen, kleine Boote zu Wasser lassen oder einfach nur den Enten zuschauen.
Im Winter ersehnten die Kinder frostige Tage, damit der Teich zufrieren konnte. Wenn die Eisdecke dick genug war, trug sie alle Kinder der Umgebung. Auf Schlittschuhen und mit Schlitten bevölkerten sie dann die große Eisfläche und hatten pure Freude an Bewegung und Spiel. Dabei verloren sie ihr Zeitgefühl, merkten weder Hunger noch Durst. Aber wenn es ihnen dann doch zu kalt wurde, rannten sie den kurzen Weg nach Hause, aßen und tranken etwas, wärmten sich auf und zogen mit neuem Elan wieder zum Teich, um weiter zu spielen. Nur die einsetzende Dämmerung vermochte sie zu bremsen. Alle hofften auf anhaltenden Frost, damit das Eis lange blieb.

Schiffsverkehr. Hermann Niewind (rechts), seine Schwester
Brigitte und Johann Ketelsen (?)

Für die Kinder der Ketelsens lag das Eisfeld fast vor ihrer
Haustür. Johann bekam seine ersten Schlittschuhe von seiner
Nachbarin Marga Thies geschenkt. Die wurden einfach unter
die Schuhsohle geschraubt. Diese Verbindung hielt aber
meistens nicht lange und kostete manche Absätze. Johann
behalf sich mit Lederriemen, die er von einem ausgedienten
Pferdehalfter abschnitt und damit seine Schlittschuhe
festzurrte. Die Lösung bewährte sich und hielt sogar, als er in
einem Winter auf vereister Straße mit Freunden auf
Schlittschuhen nach Husum fuhr. Ihr Ziel: Eine
Kinovorstellung im „Capitol".

Regelmäßig kam auch der Kinderfestumzug am Dorfteich vorbei.
Im Hintergrund das Haus der Familie Gercke (ca. 1960)

Heute sieht man nur noch selten Kinder am Westerteich spielen. Ihr Anteil an der Dorfbevölkerung hat sich stark verringert. Die ganz kleinen sind nun im Kindergarten gut aufgehoben; die größeren gehen außerhalb zur Schule und widmen sich in ihrer Freizeit häufig der neuen Unterhaltungsform, dem Computerspiel. Die Winter sind jetzt so mild, so dass auch der Teich seine „tragende" Rolle in dieser Jahreszeit verloren hat.

Nach wie vor aber sind der Westerteich und sein grüner Platz wunderbare Spielorte und warten darauf, dass Kinder in wieder beleben.

Mit der Welt verbunden

Das einst so abgeschiedene Ostenfeld ist mittlerweile ein Dorf mit globalen Verbindungen geworden. Viele seiner Bewohner reisen heute in die entlegendsten Regionen der Erde. Junge Ostenfelder absolvieren mehrmonatige Studienaufenthalte oder Praktika im Ausland, besuchen als Austauschschüler oder AuPair-Mädchen fremde Länder und Kontinente.

Wenn sie zurückkehren, sehen sie ihr Dorf und ihr eigenes Leben mit anderen Augen. Das Dorf und seine Bewohner werden sich durch die Globalisierung verändern. Vielmehr hat diese Veränderung bereits stattgefunden.

Wie eng das Leben am Dorfteich inzwischen mit der großen Welt verflochten ist, sehen wir nicht nur an der steigenden Zahl der Flüchtlinge, die hier eine Bleibe suchen. Wohl in jedem Haushalt gibt es inzwischen Handy und Internet, mit deren Hilfe in Sekunden virtuelle Verbindungen zu fast jedem Ort auf dieser Welt hergestellt werden können.

Am Westerteich lebt auch eine Anwohnerin, deren Beruf wie kaum ein anderer die globale Vernetzung verdeutlicht. Sie ist Flugbegleiterin, stammt aus Unterfranken und fand hier ein neues Zuhause. Vor mehreren Jahren entdeckte sie ein am Dorfteich gelegenes Reetdachhaus. *Es war Liebe auf den ersten Blick*, schwärmt sie heute noch. Sie erwarb es, beließ es im Originalzustand und schuf dazu einen bezaubernden Garten.

Wenn sie von anstrengenden Langstreckenflügen quer durch die Welt für einige freie Tage hierher zurückkommt, ist es wie die Ankunft auf einer stillen Insel, die Ruhe und Entspannung gewährt.

Kriege und Umwälzungen hat der Dorfteich überdauert. Das alte Gebäudeensemble ist in über hundert Jahren weitgehend unverändert geblieben. Vielleicht hat der Teich zu dieser Beständigkeit beigetragen. Denn er verbindet das Leben um ihn herum: Die Menschen, ihre Häuser, die grüne Wiese, die Enten, die Fische und die Pflanzen. In stiller, unscheinbarer Weise gibt der Westerteich allen etwas, das gewiss fehlen würde, wenn es nicht mehr da wäre.

Für die Unterstützung

möchte ich mich bei allen, die mir bei diesem kleinen
Buchprojekt halfen, herzlich bedanken. Sie gaben dem Bericht
über das Leben am Dorfteich erst Substanz. Ohne deren
maßgebliches Zutun hätte ich die Geschichten nicht
aufschreiben können:

Die Geschwister Frauke Thomsen und Johann Ketelsen; Hertha
Fischer; Hermann Niewind; Gerhard Neumann; Anne-Margrete
Jürgensen und ihre Tochter Elke; Gerhard Clausen; Ingrid van
Yperen; Roswitha Hamann; Elke Clausen; Harald Stuhr; Hans-
Andreas Hansen; Dohrn Laffrenzen; Hans-Lorenz Andresen;
Helmut und Sönke Thomsen; Gisela und Hans-Peter Jensen;
Annkatrin Wehr; Marianne Hamkens; Hans-Peter Petereit; Jens
Christian; Helmut Ludzuweit; Reimer Hansen; Frauke Hansen;
Wolfgang Zamow; Volkert Thomsen; Inge und Heinrich
Harring; Hans-Niko Lorenzen; Edeltraut Petersen; Cornelia
Liegmann.

Ich hoffe, niemand vergessen zu haben. Sollte das doch der Fall
sein, bitte ich die Übersehenen, mir das zu verzeihen.

Günter Spurgat

Bildnachweis

Anne-Margrete Jürgensen: Seite 24, 25 oben, 28, 29, 31, 38, 40, 41, 115 und Umschlagfoto

Gerhard Clausen: 20 und 37

Hertha Fischer: 25 unten

Wolfgang Zamow: 39, 44, 48 und 78

Elke Clausen: 52 und 53

Annkatrin Wehr: 54 und 57

Frauke Thomsen: 59, 70 und 72

Johann Ketelsen: 61, 62 und 121

Gemeinde Ostenfeld: 73 und 127

Roswitha Hamann: 75

Gisela Jensen: 80 und 81

Hermann Niewind: 83, 84 und 120

Reimer Hansen: 88

Familie Harring: 95

Edeltraut Petersen: 97 und 98

Ingrid van Yperen: 102

Harald Stuhr: 111 und 112

Autor: 32, 67, 106, 128 und der Ortsplan auf Seite 49 unter Verwendung einer Karte von openstreetmap.de

Benutzte Quellen

Streifzüge durch die Ostenfelder Kirchenbücher.
Handschriftliches Manuskript von Otto F. L. Thiesen, verfasst
um 1930. Abschrift von Friedel Höpfner, 1991

www. ahnenforscher-stammtisch-flensburg.de
www. geschichte-s-h.de
www. gedbas.genealogy.net

Seite 127: Die Bauernhöfe nördöstlich des Westerteichs.
Luftbildaufnahme von 1954

Seite 128: Der Westerteich 2017

Hof Johannes Hansen

Hof John Petersen

ehemalige Stellmacherei

Abnahmehaus John Petersen

Hof Lorenzen